PUZZLE

est une revue éditée par Scrineo
73, bd de Sébastopol 75002 Paris
01 77 15 99 22 (Rédaction)
09 73 87 23 11 (Abonnement)

DIRECTEUR DE LA PUBLICATION
Jean-Paul Arif

DIRECTRICE DE LA RÉDACTION
Guénaëlle Le Solleu

RÉDACTRICE
Lucie Jubin

CONCEPTION GRAPHIQUE
Gilles Le Nozahic

MISE EN PAGE
Céline Ranger

ILLUSTRATIONS
Elsa Baussier, Isabel Espanol, Léa Taillefert-Rolland, Marine Saunier

CARTOGRAPHIE
Allix Piot

PHOTOS
Adobe Stock, Laurent Berton, IStock, Lili Auriat, Serge Verglas, Sipa Press, Serge Verglas, Wikimedia Commons

CORRECTION
Sophie Meyer

ONT COLLABORÉ À CE NUMÉRO
Lili Auriat, Benoit Basirico, Jean-Pierre Bédéï, Tristan de Bourbon, Marie-France Chambat-Houillon, Stéphanie Condis, Isaure Croux, Isabelle Danel, Yves Denéchère, Alain Dieckhoff, Marika Droneau, Alix Favre, Léa Galanopoulo, Benoît Godin, Emmanuel Lincot, Fabio Macedo, Jérôme Maufras, Jean-François Mignot, Athénaïs Mulsant, Anne Muxel, Arnaud Pautet, Gaétan Trillat, Thierry Vircoulon

RELATIONS LECTEURS ET ABONNÉS
Benjamin Cesbron contact@scrineo.fr
Abonnescient/TBS
abonnement@lelephant-larevue.fr

DÉVELOPPEMENT COMMERCIAL
Valentino Boutte

RÉGIE PUBLICITAIRE
Médianne : A. de Potier 06 83 87 52 49
J. Viaud 06 75 65 38 09

COMMUNICATION
Laura Martin-Rolland

DIFFUSION
MLP / Interforum

GESTION DES VENTES AU NUMÉRO
TBS services / Julien Tessier 04 88 15 12 48

IMPRIMEUR
Aubin (86240 Ligugé)

ABONNEMENT
39 € TTC par an
Publication trimestrielle

DÉPÔT LÉGAL
Octobre 2024
ISSN : en cours
Commission paritaire : en cours

Papier recyclé à 62 %

FABRIQUÉ EN FRANCE

VOUS TENEZ ENTRE LE […] bien paradoxal : un trim[…] actualité ! Comment un trimestriel peut-il se positionner face au flux de l'information permanente ? Comment concilier ce mouvement effréné et le rythme lent du trimestriel ? Mission impossible ?

Et pourtant nous relevons le défi, convaincus que sous l'écume des news en temps réel, où la dernière arrivée chasse l'autre, où les événements jetés en pâture charrient leur lot d'idées toutes faites et parfois fausses, de commentaires à chaud, de polémiques stériles ou violentes, que sous cette infobésité quotidienne se cachent les données fiables qui nous aident à recomposer une information claire et intelligible.

Certes le trimestriel ne colle pas au jour le jour à la marche du monde, mais il offre le loisir du temps long, apaisé, du recul, de la réflexion, de la mise en perspective. Il offre la possibilité à nos autrices et auteurs, universitaires, enseignants, journalistes spécialisés, d'aborder les sujets en profondeur, en remontant à l'origine, sans supposer de connaissances *a priori* du lecteur.

Le temps du trimestriel est le temps de l'analyse, de la recherche des données les plus factuelles possibles, en évitant les prises de position. *Puzzle* n'est pas une revue d'opinion, mais essaiera au contraire de fournir à ses lecteurs les éléments les plus objectifs pour qu'ils se forgent eux-mêmes leurs propres points de vue. Car comprendre est un préalable !

Avant de se faire une idée, avant de décider, avant de s'engager même, il faut comprendre. Comprendre la complexité qui nous entoure, un monde qui évolue en permanence, qui intègre de nouveaux modes de pensée, qui combine différents regards, différentes influences, différentes expériences. Comprendre les grands mouvements qui façonnent nos sociétés, les rapports de force qui s'installent, voire indentifier les signaux faibles des nouvelles révolutions qui s'annoncent.

Cet engagement est hérité de *l'éléphant*, la revue de culture générale qui aborde avec rigueur, et pour un large public, tous les sujets de la connaissance. C'est avec la même ambition de clarté et de fiabilité que nous nous focaliserons dans *Puzzle* sur les grands sujets qui font l'actualité, avec cette idée forte que donner du sens, c'est être plus serein dans l'agitation perpétuelle du monde en mouvement. ■

JEAN-PAUL ARIF ET GUÉNAËLLE LE SOLLEU

PUZZLE
LA REVUE D'ACTU

1 **ÉDITO**

4 **BRÈVES**
▸ En France et en Europe
▸ Dans le monde

8 **INTERNATIONAL**
Benyamin Netanyahou : un Premier ministre en sursis ?
▸ Au pouvoir depuis quinze ans, il s'est imposé comme pivot d'un ensemble de forces politiques religieuses et nationalistes. Alors que la guerre s'éternise, les critiques se renforcent.

10 **LE GRAND TÉMOIN**
Thomas Gomart, géopolitologue et historien, directeur de l'Ifri
▸ « Ce qui est frappant, c'est l'entente militaire entre la Russie, l'Iran et la Corée du Nord. »

18 **BRÈVES**
▸ Sciences
▸ Livres
▸ Cinéma et expositions

24 **POLITIQUE**
Les partis politiques, rétifs à la culture du compromis
▸ Combien de temps durera le nouveau gouvernement ? L'électoralisme prend le pas sur les projets.

Le choix de ses opinions politiques : réseaux d'influence et espaces de liberté
▸ Les récentes élections ont été pour certains l'occasion de prises de positions radicales, parfois au risque de la rupture avec leur environnement. Mais comment se forme cette opinion politique ?

30 **EN CHIFFRES**
Bilan de santé de la démocratie américaine
▸ Alors que les Américains sont appelés aux urnes pour élire une présidente ou un président, comment se porte leur démocratie ? Réponse avec une série d'indicateurs.

34 **SOCIÉTÉ**
Adoption internationale : moins adopter, mieux protéger
▸ En vingt ans, le nombre d'enfants étrangers adoptés en France a considérablement reflué. Les réglementations pour protéger les enfants, elles, n'ont cessé de se développer jusqu'à récemment.

Adoption nationale : des adoptés pour la plupart... adultes
▸ Depuis les années 70, l'adoption d'enfants abandonnés ou orphelins s'est raréfiée.

41 **PORTFOLIO**
Femmes de tête
▸ Elles viennent d'accéder au pouvoir ou elles le briguent et sont au centre de l'actualité de leur pays. Parcours photo sur ces femmes puissantes.

46 **EN CHIFFRES**
Pour sauver des vies, trois parcours santé
▸ On estime à plus de 400 000 les nouveaux cas de cancers en France en 2023. Pourtant, nombre d'entre eux pourraient être évités, grâce à des programmes de prévention, faciles d'accès et gratuits. Zoom sur les grands chiffres de la bataille contre trois cancers.

48 **L'ENTRETIEN**
Fabrice Midal
▸ « L'effet d'aveuglement de l'actualité ne permet pas de penser.»

SOMMAIRE

52 L'ACTU PAR LES CARTES

▸ **Royaume-Uni : immigration et logement, les deux priorités**
Le parti travailliste a remporté les élections législatives du 4 juillet dernier. Les citoyens l'attendront sur de nombreux sujets.

▸ **Soudan : un conflit moyen-oriental en Afrique**
Depuis un an et demi, une guerre civile ravage le pays, provoquant un désastre humanitaire et la fragmentation de l'État.

▸ **Chine : 75 ans d'une « économie socialiste de marché »**
Le pays s'est hissé au rang de deuxième puissance mondiale grâce à une gestion économique administrée au plus haut niveau et une organisation politique de contrainte.

▸ **Occitanie : une région de records**
Propulsée par ses deux capitales, Toulouse et Montpellier, la région Occitanie fait preuve d'un dynamisme incontestable. Mais elle doit affronter les inégalités de son territoire.

74 RENCONTRE AVEC
Enes Kanter Freedom, basketteur au service de la liberté
▸ « C'est un combat qui me dépasse, qui dépasse le basketball et la NBA. Je n'ai aucun regret. » Écarté de la NBA en 2022 pour ses prises de position contre le régime chinois, Enes Kanter Freedom a troqué sa carrière de sportif pour se consacrer à la défense des humains.

77 EN CHIFFRES
Dépenses publiques françaises : comment se comparer aux autres ?
▸ Les parlementaires doivent impérativement voter le budget de l'année 2025 avant le 31 décembre 2024. Après deux réévaluations du déficit public pour cette année, quels choix fera la nouvelle Assemblée ? Voici un rappel des chiffres.

81 SOCIÉTÉ
Génération sans tabac !
▸ Clope de fin ? Depuis vingt ans, les jeunes Français délaissent progressivement la cigarette, ouvrant l'espoir d'une génération sans tabac d'ici 2032.

86 LE SENS DE L'IMAGE
Les chaussettes, une arme identitaire ?
▸ Chaque trimestre, *Puzzle* vous propose une analyse d'image. Dans ce numéro, découvrez comment, sur les réseaux sociaux, la hauteur de la chaussette est devenue un élément de revendication générationnelle entre millennials et GenZ.

88 CINÉMA
Le biopic musical, les clés d'un succès grandissant
▸ Aznavour, Bob Dylan, Sinatra, Michaël Jackson... Les amateurs de musique auront de quoi se régaler au cours des prochains mois en se rendant dans les salles obscures.

92 EN CHIFFRES
Taxonomie : la science qui décrit, organise et nomme le vivant
▸ En juillet, le Congrès international des botanistes a été l'occasion de renommer des plantes. Il y aurait 8 à 12 millions d'espèces vivantes sur Terre, dont 2,17 millions seulement sont identifiées et nommées.
Zoom sur la taxonomie, un travail plus complexe qu'il n'y paraît.

94 JEUX
▸ Avez-vous suivi l'actu ? Voici quelques jeux pour vous mettre à jour.

ILLUSTRATION DE COUVERTURE : YASMINE GATEAU

Viktor Orbán rencontre Vladimir Poutine à Moscou. VALERIY SHARIFULIN/SPUTNI/SIPA

À Bruxelles, la « mission de paix » d'Orbán inquiète et énerve les 27

DEPUIS LE 1ER JUILLET, la Hongrie de Viktor Orbán est à la tête de la présidence tournante du Conseil de l'Union européenne pour un mandat de six mois. Or, aussitôt investi de sa mission de représentation, Orbán s'est livré à une série de visites diplomatiques qui n'ont pas été comprises par l'Union européenne (UE). Première étape : Kiev, où Orbán rencontrait Volodymyr Zelensky pour la première fois depuis le début du conflit. Plutôt que d'y réaffirmer le soutien de l'UE à l'Ukraine, le dirigeant hongrois a appelé à un cessez-le-feu (à Bruxelles, s'il a donné son accord pour sanctionner la Russie, Orbán bloque toujours le vote d'une aide de 6 milliards d'euros à l'Ukraine). À peine rentré, il s'est envolé pour Moscou où il rencontrait Vladimir Poutine pour la quatrième fois en deux ans. Ce voyage, qui va à l'encontre des mesures prises par les États membres de l'UE visant à isoler le dirigeant russe, a suscité l'émoi à Bruxelles. Enfin, Orbán a terminé sa tournée à Pékin. Ces rencontres ont été organisées dans le secret, sans que les autres États membres n'aient été prévenus.

Un pouvoir limité

Des voix ont dénoncé un abus de la part de Viktor Orbán et s'interrogent sur les éventuelles mesures à prendre pour contrôler le dirigeant populiste jusqu'en janvier prochain. Création d'une commission de surveillance ? Avancement de la date de prise de fonction de la Pologne à la tête de la présidence ? Pour l'instant, de telles mesures ne paraissent pas justifiées selon la Commission. De fait, le pouvoir d'Orbán reste limité, puisque les institutions européennes sont en pleine transition (le nouveau Parlement n'est pas encore installé, la Commission ne le sera pas avant novembre prochain).

LES JO EN CHIFFRES

96 % Taux de financement privé du budget total de 4,4 milliards d'euros
20 % Augmentation globale de la fréquentation touristique par rapport à 2023, à Paris
80 % Taux de remplissage de l'hébergement (+15 % par rapport à 2023)
15 000 Nombre d'interventions médicales en lien avec les JO
30 000/25 000 Nombre de policiers et gendarmes mobilisés pour les JO et Jeux paralympiques
97 % Part des 15-34 ans qui ont regardé les JO à la télévision

CAPES 2024 : PEUT MIEUX FAIRE

Les résultats des concours de l'enseignement – **CAPES** – sont tombés. Pour l'année 2024-2025, 3 185 postes sont inoccupés. Dans le secondaire, 20 % des nouveaux postes de mathématiques, 36 % en lettres classiques et 54,5 % en allemand sont non pourvus. Enfin, près de 25 % des nouveaux postes en enseignement technologique sont encore vacants. Si ces chiffres sont globalement meilleurs qu'en 2023, c'est que moins de postes étaient à pourvoir cette année.

LES VACHES VONT PAYER

Le **DANEMARK** sera le premier pays dans le monde à mettre en place une taxe carbone sur les élevages. Ce pays est en effet l'un des plus concernés par les émissions liées au bétail, ses vaches produisant 8,4 millions de tonnes de CO^2 par an. Au terme de rudes négociations avec le monde agricole, un accord a été trouvé et un texte déposé au Parlement le 10 juillet dernier, qui devrait être adopté à l'automne. La taxe entrera en vigueur en 2030. Le gouvernement a indiqué que les recettes serviront à financer la transition écologique du secteur de l'agriculture.

EXAMEN DE PASSAGE

En **ALLEMAGNE**, dans un contexte de recrudescence des actes antisémites depuis l'attaque du Hamas du 7 octobre 2023, une nouvelle loi modifiant les conditions de naturalisation est entrée en vigueur le 27 juin dernier. Désormais, les personnes souhaitant obtenir la nationalité allemande doivent en effet reconnaître le droit d'existence d'Israël. Cette loi suscite de nombreux débats en raison de la situation humanitaire à Gaza.

POUSSÉE DE L'EXTRÊME DROITE

En **ALLEMAGNE** aussi, les élections régionales du 1er septembre 2024 ont vu une importante poussée de l'AfD, parti d'extrême droite. En Thuringe (à l'est du pays), ce parti est devenu la première puissance politique du Parlement. En Saxe, région frontalière, l'AfD récolte 30,2 % des voix et arrive en deuxième position après les conservateurs (31,8 %). Dans ces deux *länder*, la gauche radicale progresse également. Et rendra difficile la composition des gouvernements régionaux, les autres partis refusant une coalition avec l'AfD.

ONG ET MÉDIAS EN SURSIS

L'Union européenne a annoncé le 28 juin dernier suspendre les premières étapes du processus d'adhésion de la **GÉORGIE** et gelé une aide de 30 millions d'euros. Cette déclaration suit l'adoption d'un texte de loi sur « l'influence étrangère » par le Parlement géorgien le 28 mai 2024, en dépit du veto présidentiel. Cette loi controversée, qui a fait descendre des milliers de manifestants dans les rues, stipule que toute organisation non gouvernementale ou médiatique recevant plus de 20 % de financements étrangers doit se déclarer comme « organisation poursuivant les intérêts d'une puissance étrangère ». Ses détracteurs dénoncent un texte liberticide pour les ONG, et la comparent à une loi russe qui instaurait le statut « d'agents de l'étranger » aux organisations jugées trop éloignées de la ligne du Kremlin.

EN TERRITOIRE ENNEMI

La dynamique du conflit russo-ukrainien semble s'être inversée depuis l'offensive ukrainienne début août en territoire russe dans la région de Koursk. Mi-septembre, la Russie a lancé une contre-offensive et annoncé avoir repris une dizaine de villes.
Dans ce contexte, Volodymyr Zelensky demande leur accord aux puissances occidentales pour lancer ses missiles sur des bases militaires russes.
Le Royaume-Uni y est favorable, les États-Unis freinent des quatre fers, et la France reste dans l'ambiguïté. De fait, Vladimir Poutine prévient qu'une telle autorisation reviendrait à « une participation directe des pays de l'OTAN à la guerre en Ukraine. »

ADOBE STOCK/SIPA

ÇA S'EST PASSÉ DANS LE MONDE

PAR **LUCIE JUBIN** ET **ISAURE CROUX**

MEXIQUE PREMIÈRE FEMME PRÉSIDENTE

▶ Le 1er octobre 2024, Claudia Sheinbaum a pris ses fonctions de présidente du Mexique. Pour cette ancienne maire de Mexico qui a réussi à faire baisser de 50 % les violences dans la capitale, la priorité est d'œuvrer à la sécurité dans son pays : le Mexique déplore près de 80 homicides par jours, dont 10 féminicides, d'après l'ONU. Docteure en ingénierie énergétique et membre du GIEC, Claudia Sheinbaum a aussi l'intention de se battre contre le dérèglement climatique qui touche son pays (en mai dernier, il a fait plus de 45°C dans dix-neuf des trente-deux États du pays).

CANADA L'IMMIGRATION MAÎTRISÉE

▶ « Il n'y a pas de meilleur moment pour embaucher des Canadiens », a annoncé leur Premier ministre Justin Trudeau le 26 août. Face à l'augmentation du chômage à 6,4 % cette année et au boom démographique en partie dû à l'immigration, le gouvernement canadien a décidé de réduire de 65 000 le nombre de visas de travail temporaires accordés. Depuis le 27 septembre, les employeurs canadiens pourront recruter un maximum de 10 % de travailleurs étrangers.

VENEZUELA MADURO, ÉLU CONTESTÉ, PERSISTE

▶ Le 28 juillet 2024, Nicolas Maduro s'est déclaré vainqueur de l'élection présidentielle du Venezuela avec 51,2 % des voix face à son adversaire Edmundo Gonzalez. L'opposition crie à la fraude, estimant que son candidat est vainqueur avec près de 70 % des voix. Depuis, d'importantes manifestations dans les grandes villes sont réprimées dans le sang. Menacés d'être arrêtés, E. Gonzalez s'est réfugié en Espagne, et la cheffe de l'opposition Maria Corina Machado (voir p. 41) vit cachée. Les États-Unis et les pays européens ne reconnaissent pas la victoire de Maduro.

RDC MPOX : L'ÉPIDÉMIE QUI INQUIÈTE

▶ En Afrique centrale et particulièrement en République démocratique du Congo, une épidémie de Mpox (variole du singe) se propage et inquiète les autorités sanitaires. Transmise de l'animal à l'homme puis entre êtres humains, ce virus touche surtout les enfants (40 % des malades ont moins de 5 ans). L'OMS organise d'importantes campagnes de vaccination. La France est particulièrement vigilante depuis qu'un premier cas a été découvert en Suède.

AFGHANISTAN LES FEMMES TOUJOURS PLUS MUSELÉES

▶ Le 22 août, le ministère de la Justice du gouvernement taliban a publié une loi interdisant aux femmes de faire entendre leur voix en public : elles ne peuvent ni chanter, ni réciter un poème, ni lire à voix haute en dehors de chez elles. Elles n'ont plus le droit de sortir en laissant apparaître leur visage, de se maquiller et de se parfumer. Depuis août 2023, les « agents de la vertu et de la répression du vice » ont arrêté 13 000 personnes.

BANGLADESH LA PREMIÈRE MINISTRE DÉCHUE

▶ Muhammad Yunus, prix Nobel de la Paix (2006) a été appelé à la rescousse pour remplacer la Première ministre, chassée par des mouvements étudiants. Dans ce pays où 40 % des 15-24 ans sont au chômage, le projet d'une réforme visant à réserver 30 % des postes de la fonction publique aux descendants des combattants pour l'indépendance du pays avait mis le feu aux poudres et contraint la dirigeante, Sheikh Hasina, à s'exiler en Inde. Muhammad Yunus, qui s'est fait connaître comme inventeur du micro-crédit, dirige le pays par intérim.

INDE TROISIÈME MANDAT POUR MODI

▶ Après six semaines d'élections dans un pays en proie à une vague de chaleur extrême (plus de 45°C dans de nombreuses villes), Narendra Modi a été réélu pour un troisième mandat de Premier ministre. Au pouvoir depuis 2014, son parti le Bharatiya Janata Party (BJP) se caractérise par une mainmise sur l'ensemble des institutions et sa forte proximité avec l'hindouisme (officiellement, l'Inde est un État laïque). Le BJP a néanmoins perdu la majorité absolue du Parlement et devra nouer des alliances avec des partis régionaux pour faire face à l'opposition conduite par Rahul Gandhi.

IRAN UN PRÉSIDENT RÉFORMATEUR ?

▶ Le 30 juillet 2024, le nouveau président iranien Massoud Pezeshkian a prêté serment devant le Parlement. Il a été élu sur deux promesses : ouvrir son pays sur le monde en œuvrant à la levée des sanctions américaines et assouplir les restrictions infligées aux femmes. En Iran, le président est censé mettre en œuvre des politiques en cohérence avec les directives du guide suprême, l'ultra-conservateur Ali Khamenei. Pezeschkian arrivera-t-il à engager les réformes annoncées et à convaincre un Parlement également ultra-conservateur ?

BENYAMIN NÉTANYAHOU

PREMIER MINISTRE EN SURSIS ?

Au pouvoir depuis quinze ans en Israël, il s'est imposé comme pivot d'un ensemble de forces politiques religieuses et nationalistes. Alors que la guerre s'éternise, les critiques se renforcent.

PAR **ALAIN DIECKHOFF,** DIRECTEUR DE RECHERCHE AU CNRS
(CENTRE DE RECHERCHES INTERNATIONALES, SCIENCES PO)
AUTEUR DE *ISRAËL-PALESTINE. UNE GUERRE SANS FIN ?* *

Au cours de sa longue carrière politique – il a été élu député pour la première fois en 1988 à l'âge de 39 ans –, Benyamin Nétanyahou a été souvent présenté comme « fini ». En réalité, il a battu tous les records de longévité en Israël au poste de Premier ministre qu'il occupe quasiment sans interruption depuis 2009 (après avoir déjà été Premier ministre une première fois entre 1996 et 1999).

Une pareille résilience s'explique par ses talents de tacticien accompli, mais aussi par le fait que, comme leader du parti de droite Likoud, il s'est imposé comme le pivot du « camp national », c'est-à-dire d'un vaste conglomérat de forces politiques religieuses et nationalistes. La coalition gouvernementale actuelle en donne une parfaite illustration : outre le Likoud, avec 32 sièges (sur 120), elle comprend tous les partis religieux, qu'ils soient ultra-orthodoxes (18 sièges) ou sionistes-religieux (14 sièges). Et encore convient-il de préciser que certaines formations qui sont officiellement dans l'opposition comme le parti russophone « Israël notre maison » (6 députés) partagent totalement le credo nationaliste de Nétanyahou. Le pouvoir du Premier ministre est d'autant plus affirmé que ses adversaires ne peuvent, en l'état, offrir d'alternative politique. L'opposition est unie dans sa défiance personnelle envers le Premier ministre, mais pour le reste, elle est divisée entre le centre-gauche, autour de Yesh Atid (24 sièges) et du Parti travailliste (4 sièges), le centre-droit (Parti de l'unité nationale autour de l'ancien chef d'état-major Benny Gantz, 8 sièges), la droite (« Israël notre maison » ; Nouvel Espoir, 4 députés) et enfin, les deux formations arabes (10 députés). Cet ensemble hétéroclite ne fait pas vraiment une coalition de substitution.

Les partis de la rancœur

Cette domination du « camp national » n'est pas l'effet du hasard. Elle tient au fait que trois groupes sociaux soutiennent indéfectiblement des partis qui se situent à droite de l'échiquier politique. D'abord, les Séfarades, les Juifs originaires des pays d'Islam (du Maroc aux pays d'Asie centrale). Ils conservent une rancœur tenace envers le Parti travailliste qu'ils accusent d'avoir mal accueilli et intégré leurs parents et grands-parents dans les années 50-60. Ils demeurent largement acquis au Likoud, d'autant qu'ils sont assez traditionalistes d'un point de vue religieux. Autre groupe, en plein essor démographique : les Juifs religieux (cette catégorie recouvre partiellement la précédente). Mais il faut distinguer deux tendances : d'un côté les sionistes-religieux, de l'autre les ultra-orthodoxes. Les premiers sont les plus actifs politiquement et très marqués à droite. Ils sont nombreux dans les colonies de Cisjordanie et ont assuré le succès de la liste des sionistes-religieux qui a, par exemple, obtenu 67 % des voix à Kiryat Arba (à côté d'Hébron) et 84 % des voix à Beit El (nord de Jérusalem) lors des élections de 2022. Les seconds, souvent surnommés les « hommes en noir », ont été à l'origine très critiques du sionisme qu'ils tenaient pour un projet hérétique. La volonté de normalisation collective de l'existence juive, aspiration majeure du sionisme, était rejetée par les ultra-orthodoxes pour lesquels les Juifs ont une vocation religieuse particulière : être un peuple de prêtres. Avec le temps, toutefois, la plupart des ultra-orthodoxes ont abandonné leur antisionisme de principe pour adopter une position de neutralité. Sans attribuer une quelconque signification religieuse à l'État d'Israël, ils se sont intégrés au jeu politique en s'alliant avec la droite avec laquelle ils ont davantage d'affinités et ont fini par être progressivement gagnés par un certain « nationalisme d'atmosphère ».

Reste le troisième groupe, le moins religieux, mais très nationa-

Le Premier ministre, Benyamin Nétanyahou lors de la réunion hebdomadaire du Cabinet au ministère de la Défense, à Tel-Aviv en janvier 2024. RONEN ZVULUN/AP/SIPA

liste par ailleurs : celui des Juifs originaires de l'ex-Union soviétique qui ont été un million à s'installer en Israël depuis 1989. Imprégnés d'une « culture soviétique de grande puissance », ils considèrent que les adversaires d'Israël ne comprennent que le langage de la force. Ils votent donc, très naturellement, pour le Likoud ou le parti russophone « Israël notre maison » d'Avigdor Lieberman.

Le début de la désillusion des citoyens

Pour des raisons structurelles, la droite demeure donc en position de force en Israël. Certes, la rue se dresse régulièrement contre Nétanyahou. Elle l'avait fait massivement jusqu'en octobre 2023 pour protester contre le projet de loi gouvernementale qui aurait réduit le pouvoir de contrôle de la Cour suprême. Depuis les massacres du 7 octobre – et la mise entre parenthèses de la réforme judiciaire –, l'opinion publique se mobilise surtout autour de la libération des otages détenus par le Hamas à Gaza. C'est un objectif consensuel qui va parfois de pair avec des reproches acerbes contre l'engagement insuffisant du gouvernement dans la conclusion d'un accord pour le retour des otages. Mais ces fortes critiques viennent surtout des Israéliens laïcs, penchant à gauche, qui étaient déjà des adversaires de Nétanyahou…

Cela dit, tendanciellement, les critiques se renforcent au fur et à mesure que la guerre s'éternise. Alors que fin 2023, deux tiers des citoyens juifs considéraient que l'offensive militaire pouvait conduire à l'élimination du Hamas de la bande de Gaza, au printemps 2024, 55 % estimaient qu'une victoire absolue à Gaza était très improbable. Une certaine désillusion commence donc à émerger, qui a trouvé son expression la plus forte lors de la grande manifestation du dimanche 1er septembre 2024 qui a rassemblé 300 000 personnes à Tel-Aviv. La mobilisation a été d'autant plus importante que l'armée venait de découvrir les corps de six jeunes hommes et jeunes femmes (âgés de 23 à 40 ans), tués de sang-froid par le Hamas, alors que l'armée s'approchait. Beaucoup de manifestants s'en sont clairement pris au Premier ministre, l'accusant de les avoir sacrifiés au nom d'une guerre aux objectifs de plus en plus nébuleux.

Les critiques viennent des laïcs de gauche.

Demander un accord pour la libération des otages, c'est clairement exiger l'arrêt de la guerre. Mais le Premier ministre n'est pas pressé d'y mettre un terme, car la poursuite des hostilités agit comme une protection : elle rend très difficile l'établissement d'une commission d'enquête pour déterminer les responsabilités des hommes politiques et des militaires – et donc du Premier ministre – dans l'impréparation de l'État lors de l'attaque surprise du 7 octobre. Mais l'heure de comptes viendra inévitablement et à ce moment, Nétanyahou et ses proches risquent fort de se trouver, plus qu'ils ne l'ont jamais été, sur la sellette. ■

**Israël-Palestine. Une guerre sans fin ?* (Dunod Poche, 2024)

« Ce qui est frappant, c'est l'entente militaire entre la Russie, l'Iran et la Corée du Nord. »

THOMAS GOMART

Le géopolitologue met en garde contre l'accélération de l'histoire dans trois points chauds de la planète. Risques de paralysie des échanges, menaces nucléaires grandissantes, les rapports de force changent.

PROPOS RECUEILLIS PAR **JEAN-PAUL ARIF** ET **GUÉNAËLLE LE SOLLEU**
PHOTOS **SERGE VERGLAS**
CARTES **ALLIX PIOT**

HISTORIEN des relations internationales, Thomas Gomart dirige l'IFRI (Institut français des relations internationales) depuis 2015. Il est l'auteur de nombreux ouvrages dont *Les Ambitions inavouées : ce que préparent les grandes puissances* (Tallandier, 2023). Il a dernièrement publié *L'Accélération de l'Histoire. Les nœuds géostratégiques d'un monde hors de contrôle* (Tallandier, 2024) où il revient sur trois grandes zones dans le monde, au cœur de tensions qui ont des répercussions mondiales.

Dans votre livre *L'Accélération de l'Histoire*, vous évoquez la mer de Chine comme « un lac chinois ». Que voulez-vous dire du point de vue des ambitions chinoises ?

Au cœur du projet idéologique de la République populaire de Chine (RPC) se trouve le projet de « réunification » avec Taïwan, qui aboutirait, aux yeux de Pékin, à la création d'un « lac chinois » en lieu et place du détroit. La situation est évidemment appréciée très différemment depuis Taipei. Sur les plans géostratégique et géoéconomique, le détroit constitue un centre de gravité. Un point à garder à l'esprit pour la dilution des sous-marins : le détroit de Taïwan se caractérise par des eaux peu profondes. Si vous intégrez Taïwan à votre dispositif, vous accédez plus rapidement aux eaux profondes.

Fondamentalement, la grande question historico-stratégique du moment est de savoir si la Chine parviendra à réussir ce qu'on appelle son « basculement thalassocratique ». Pour reprendre la formule du chercheur François Gipouloux, cela signifie d'une part l'accès à la haute mer et de l'autre, le contrôle de points d'appui. La RPC a étudié les modalités d'exercice des puissances britannique et américaine. La Chine a parfaitement compris que pour être la puissance dominante, il fallait être une puissance navale et maritime.

En perspective, nous assistons à une réplique historique à quelques siècles de distance. À partir du XVe siècle, les Européens, partis du Portugal et d'Espagne, se sont connectés à l'économie chinoise qui représentait alors un tiers de l'économie mondiale. Cinq siècles plus tard, les Chinois se connectent à l'économie européenne en prenant notamment le contrôle d'un certain nombre d'infrastructures portuaires.

Quels sont les risques associés à l'ambition chinoise ?

Il existe des risques et des menaces. Les menaces concernent d'abord les Taïwanais, car le pays a acquis sa propre identité politique. Les Taïwanais connaissent l'alternance politique, sont passés de décennies de dictature militaire à un système pluraliste et souhaitent maintenir le *statu quo*. Pour eux, l'ambition chinoise représente une menace directe. Ensuite, les pays de la région, les Philippines et le Japon, voient des ambitions expansionnistes dans l'attitude de Pékin qui militarise des îlots et multiplie les manœuvres. Un autre problème vient de la dynamique ascendante de la puissance chinoise. Une dynamique économique se traduit souvent par une dynamique militaire, ce qui est perçu comme une menace par les autres pays. L'inverse est également vrai, une puissance déclinante peut représenter une ●●●

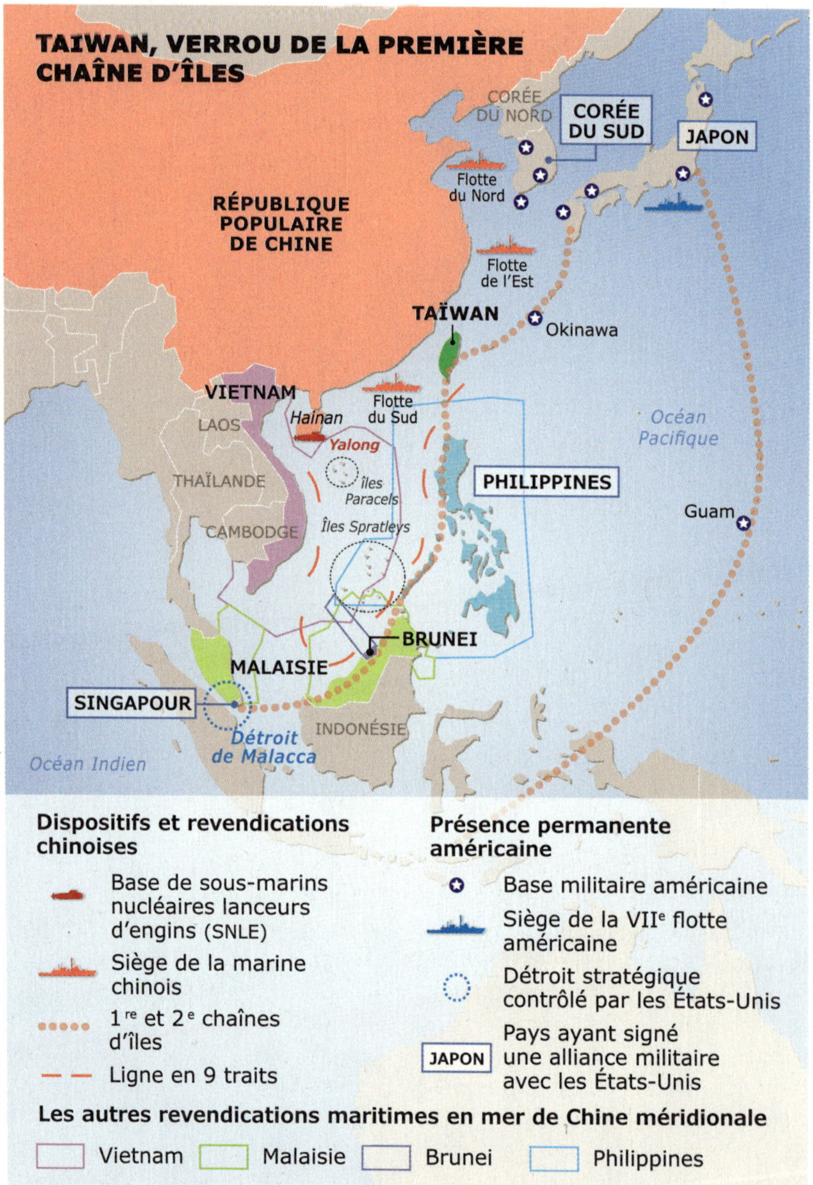

●●● menace, comme c'est le cas de la Russie.

Il y a aussi des risques qui diffèrent selon les situations. Une crise aiguë dans le détroit de Taïwan aurait des conséquences immédiates sur l'économie mondiale : 80 % de la production mondiale de semi-conducteurs est concentrée entre le Japon, la Corée du Sud et Taïwan, qui à lui seul, en produit 50 %. Dans la division internationale du travail et l'économie politique internationale, Taïwan a une double importance. D'une part, l'île produit des composants essentiels au fonctionnement de l'appareil productif mondial et d'autre part, elle participe directement à la forte intégration économique de la région.

Ce qui est frappant, c'est l'entente militaire entre trois pays : la Russie, l'Iran et la Corée du Nord. Ces deux derniers sont devenus des acteurs importants de l'insécurité européenne, puisqu'ils fournissent la Russie en guerre. Ces trois pays – qui forment une sorte de syndicat anti-occidental – sont tous porteurs d'une crise nucléaire. Ils entretiennent des rapports de plus en plus asymétriques, séparément et de manière bilatérale, avec la Chine. Cependant, celle-ci est dans une posture différente vis-à-vis de l'Europe. Car contrairement à ces trois pays, elle a besoin de conserver l'accès au marché européen. D'une certaine manière, elle encourage les ambitions stratégiques de l'Europe, alors que la Russie et l'Iran affichent leur hostilité politique à l'Union européenne (UE).

Pour des raisons commerciales ?

Pour des raisons commerciales, mais aussi stratégiques. Pour les Chinois, que l'Europe développe ses ambitions stratégiques pourrait la rendre moins dépendante des États-Unis ou l'éloigner de leur influence. La Chine prend bien soin de dire qu'elle n'est pas partie prenante de la guerre en Ukraine et qu'elle ne soutient pas militairement la Russie, même si les autorités américaines et le secrétaire général de l'OTAN affirment le contraire. La Chine offre une sorte de soutien politique à la Russie, tout en déplorant la remise en cause de l'intégrité territoriale de l'Ukraine.

Parlons de la Chine et de sa puissance justement…

Il est important de rappeler que la Chine est dirigée par le Parti communiste chinois (PCC), l'organisation la plus sélective et opaque au monde. Nous avons souvent occulté cet aspect en nous focalisant sur l'émergence économique de la Chine. De 1979 à nos jours, l'émergence de la Chine a été exceptionnellement rapide et cela a été mis au crédit du PCC (voir page 62). Jusqu'à la crise de 2008, on pensait que la convergence économique entraînerait une forme de convergence politique. Aujourd'hui, on observe cependant que les trajectoires de la Chine et de l'Occident divergent sur le plan stratégique.

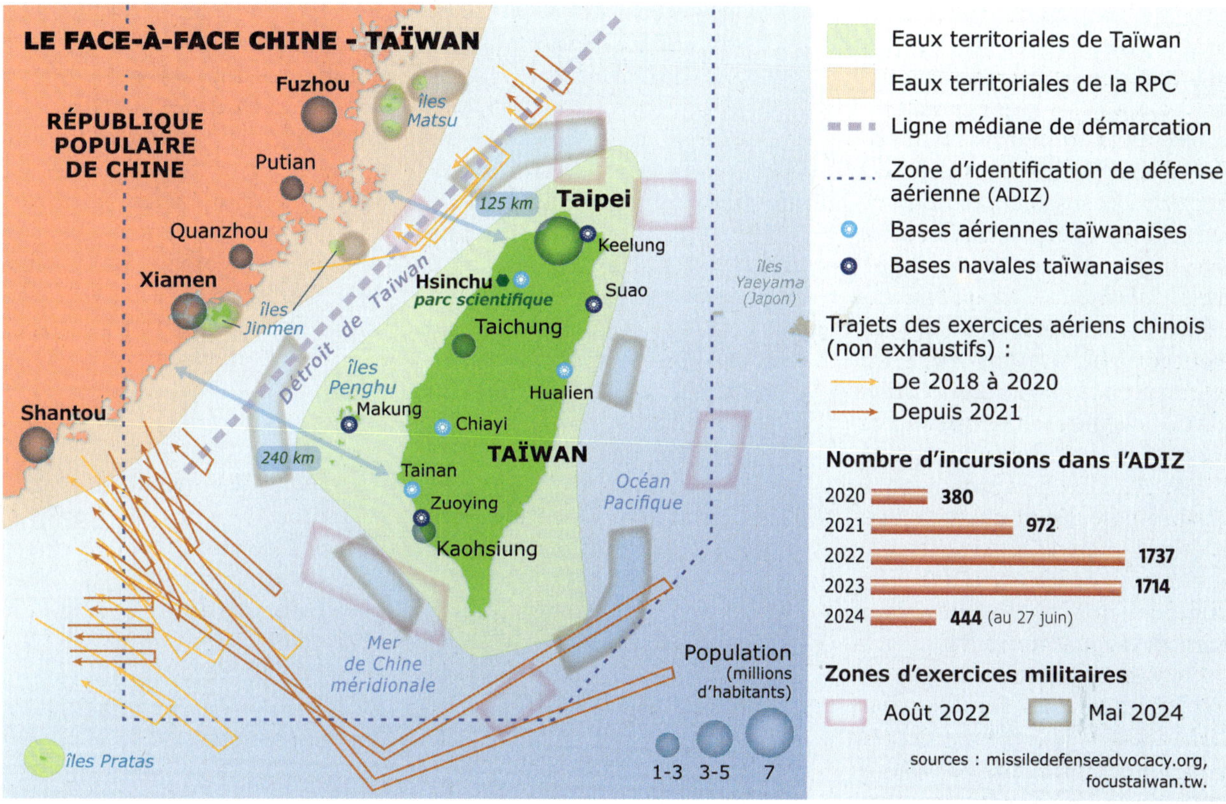

La Chine se présente à la fois comme une puissance émergente et une civilisation multiséculaire. Elle affiche une vision de développement économique et civilisationnel, soutenue par un discours sur son histoire et sa résilience. Le PCC promeut également une idéologie dans laquelle le capitalisme d'État joue un rôle central. Ce développement s'est fait par l'appropriation des règles capitalistes, tout en maintenant un contrôle étatique. La Chine investit massivement dans la transition énergétique et envisage un exercice de la puissance sans dépendance, à terme, aux énergies fossiles.

Croire que Poutine avait une vision basée seulement sur la logique de puissance a été une erreur.

Un dirigeant japonais évalue à 80 % le risque de confrontation dans la zone en 2027. Vous insistez sur cet espace, et globalement sur la menace nucléaire. Comment l'appréhender ?

Il y a deux aspects à considérer. Le premier, concernant 2027, n'est pas tant une prédiction exacte qu'une réflexion sur les capacités des différentes parties prenantes autour de Taïwan. Cette date revient souvent dans les débats des think tanks, justifiée par les projections économiques et militaires de la Chine, et la situation politique de Xi Jinping à ce moment-là. C'est un repère chronologique sur lequel des scénarios différents sont construits.

Le second aspect concerne la puissance et la stratégie. Avec la mondialisation lue comme un phénomène transnational, les questions stratégiques ont été volontairement négligées dans l'enseignement supérieur en Europe continentale. Les questions sociales et sociétales prévalant, il s'agissait d'expliquer que la géopolitique n'existait plus. Or, évidence historique, les logiques de puissance sont toujours à l'œuvre. La puissance correspond à un portefeuille de ressources et une capacité de passage à l'acte. L'exemple de Poutine, envahissant l'Ukraine en 2022 malgré les analyses rationnelles qui prédisaient qu'il n'y avait pas intérêt, illustre bien cette dynamique. Aujourd'hui, le véritable débat est de savoir si Xi Jinping passera à l'acte et les événements de 2022 nous rappellent que les décisions peuvent parfois être prises pour des raisons émotionnelles autant que rationnelles.

En Russie, la dimension humaine de Poutine est essentielle, mais l'idéologie est-elle aussi forte qu'en Chine ?

L'une des erreurs d'analyse commises avec Vladimir Poutine •••

●●● a été de croire qu'il était avant tout réaliste, au sens des relations internationales, c'est-à-dire avec une vision basée précisément sur les logiques de puissance. Cette lecture a négligé son évolution idéologique. Ce qui caractérise son règne, c'est sa capacité à produire une contre-idéologie par rapport aux Occidentaux. Cela apparaît très tôt et se manifeste dès 2005, en réponse à la promotion de la démocratie proposée par l'administration Bush, qui cherchait à justifier l'intervention en Irak.

Sur le plan idéologique, le Kremlin a produit des anticorps idéologiques avec la notion de « démocratie souveraine ». Il a ensuite construit un dispositif complexe capable à la fois de produire une réflexion stratégique, de la médiatiser et de l'utiliser dans le cadre de mesures actives. Le réalisme de Vladimir Poutine est surtout un discours anti-occidental. La guerre d'Ukraine renforce cette dimension, ainsi que les tentatives d'ingérence dans les pays qui soutiennent Kiev dans son droit à la légitime défense.

Ce que je veux dire par là, c'est qu'il y a très clairement chez Poutine un travail idéologique aussi sérieux, bien que différent dans sa finalité, que du côté chinois. Poutine est un tel producteur d'idéologie qu'il est devenu l'historien en chef du pays. Ce qu'il propose à son peuple désormais, c'est la continuation de la « grande guerre patriotique ». Comme l'URSS, qui a gagné contre les nazis au prix de 26 millions de morts, ce combat continue aujourd'hui, selon lui. C'est très difficile à comprendre pour nous qui sommes sortis de ce registre et qui tenons l'idéologie à distance.

Comment voit-il ses relations avec l'Europe ?

Chez Poutine, il y a d'abord eu une volonté de partenariat avec l'Occident, exprimée notamment dès 2001 par le soutien immédiat apporté aux États-Unis après le 11 septembre dans leur guerre contre le terrorisme. Le discours de Berlin en 2001 et l'importance accordée à l'Union européenne comme premier partenaire commercial de la Russie sont des exemples de cette première ambition, traduite notamment par un partenariat énergétique. La grande rupture économique de la guerre en Ukraine réside dans la fin de cette relation énergétique très déstabilisatrice, en particulier pour l'Allemagne.

De retour au pouvoir en 2012, la priorité de Poutine devient la Chine. La Russie est l'un des pays les plus actifs au sein des BRICS (Brésil, Russie, Inde, Chine et Afrique du Sud). Elle est désormais présentée comme l'incarnation de l'opposition à l'Occident. Poutine a transformé l'acronyme BRIC en BRICS, en 2009, réunissant ce forum devenu progressivement un format politique. La proportion des BRICS dans le PIB mondial dépasse aujourd'hui celle du G7. Ils sont dans une phase politique dynamique, élargie à cinq nouveaux pays depuis janvier 2024 : Arabie saoudite, Iran, EAU (Émirats arabes unis), Égypte, Éthiopie.

> **Russie, Iran, Corée du Nord et Chine sont les 4 éléments de la menace nucléaire.**

Sur la question du nucléaire, quelle est la réalité du danger ?

Il y a quatre éléments. D'abord il n'y a pas un changement de la doctrine russe, mais un changement de la rhétorique sur le nucléaire. Depuis février 2022, et même avant l'invasion, lors de la conférence de presse conjointe de Macron et Poutine, au début de ce mois, Poutine avait fait allusion au nucléaire, avec l'idée d'inhiber les Occidentaux dans leur soutien à l'Ukraine. C'est ce que j'appelle une guerre coloniale sous protection nucléaire, ou « la sanctuarisation agressive », d'après les spécialistes. Le deuxième, c'est l'Iran. L'une des conséquences évidentes du retrait américain de l'accord sur le nucléaire en 2018, sous Trump, est l'accélération du programme nucléaire des Iraniens. Ils ont bien compris que, dans le monde qui s'annonce, l'arme nucléaire offre une garantie de sécurité sans équivalent.

Le troisième, c'est la Corée du Nord. C'est un pays qui, en contrôlant totalement sa population, est parvenu en une génération à devenir une puissance nucléaire balistique, en dépit de toutes les sanctions prises à son encontre. La guerre de Corée, avec ses 2 millions de morts, est un souvenir marquant. Les Nord-Coréens et les Chinois n'ont pas oublié la menace nucléaire américaine de l'époque. Cela a créé l'obsession de se prémunir contre ce type de menace.

Le quatrième élément est la Chine. Le pays est en train de changer de posture nucléaire. Il était dans une logique de stricte suffisance, avec un nombre limité d'armes nucléaires pour faire comprendre à tout agresseur les risques de dommages inacceptables. Mais elle augmente très significativement son arsenal nucléaire pour établir, à terme, une forme de parité avec les États-Unis et la Russie.

Vous évoquez dans votre livre le détroit d'Ormuz et, dans cette zone, la nouvelle centralité de l'Arabie saoudite. Pouvez-vous nous expliquer les enjeux ?

Il faut rappeler que les trois prin-

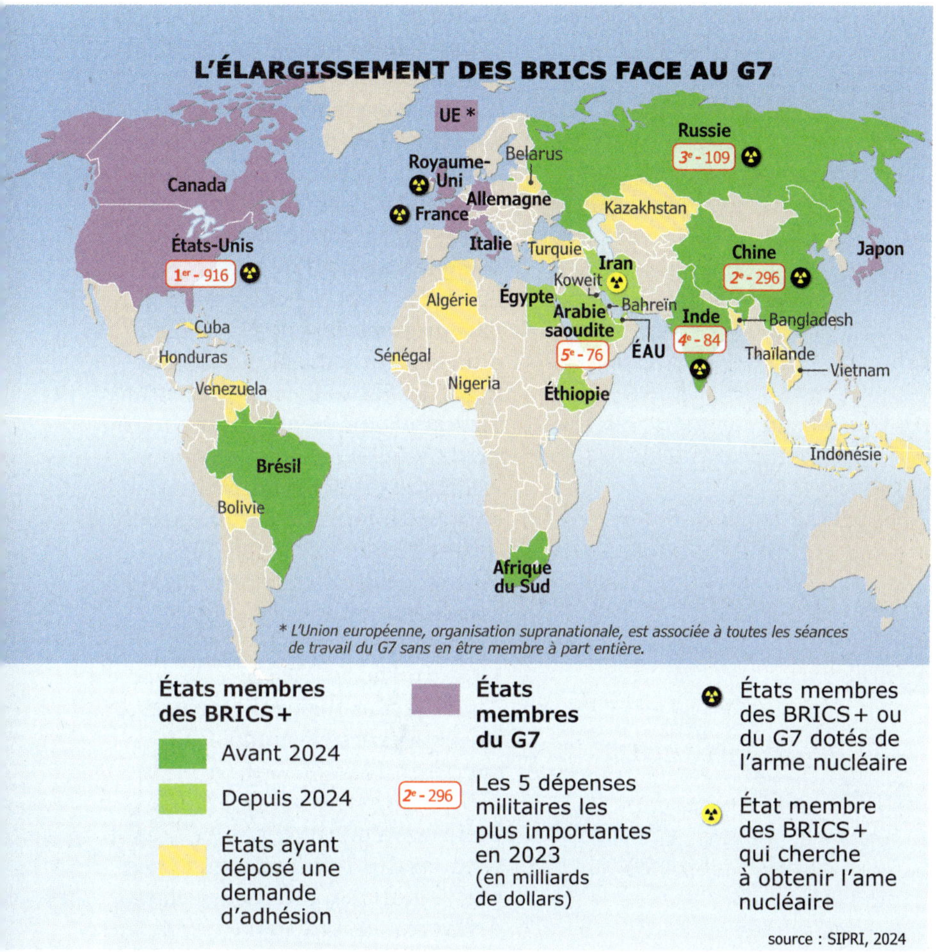

cipaux producteurs de pétrole mondiaux sont les États-Unis, la Russie et l'Arabie saoudite. Les États-Unis sont autosuffisants en termes énergétiques et exportateurs nets d'énergie, en particulier de gaz. Un rapprochement entre la Russie et l'Arabie saoudite vise à maintenir leur position sur le marché, sans se coordonner avec les attentes occidentales. Dans les années 1980, les Occidentaux ont demandé à l'Arabie saoudite d'augmenter sa production pour faire baisser les prix et affaiblir économiquement les Soviétiques, ce qu'ils ont fait. Ce n'est plus le cas aujourd'hui, comme on l'a vu en 2022 après l'invasion russe de l'Ukraine qui a entraîné une vive tension sur les prix.

Riyad a refusé pour deux raisons. D'abord, pour conserver sa position sur le marché, ensuite, la géopolitique a changé et les injonctions occidentales n'ont plus le même impact. L'Arabie saoudite est paradoxale : c'est le principal producteur de pétrole et Aramco est la première capitalisation boursière mondiale. Grâce aux revenus des combustibles fossiles, le pays peut financer sa transition énergétique, un aspect central du projet Vision 2030 de Mohammed Ben Salmane (MBS).

L'Europe, en paix, était convaincue d'être à l'abri des turbulences mondiales.

Pour les pays européens, les implications sont lourdes. Contrairement aux États-Unis, nous dépendons encore du pétrole, tout comme les Japonais ou les Indiens. Depuis 1945, les pays occidentaux ont un rapport de sécurité vis-à-vis des pays du Golfe et de l'Arabie saoudite en particulier, fondé sur l'obtention d'énergie et la vente d'armes. Les Européens cherchent aussi des financements, notamment pour la transition énergétique.

Vous appelez les Européens à sortir de leur « isolement mental ». Que voulez-vous dire ?

Il faut d'abord rappeler que les Européens ont réussi à maintenir la paix depuis 1957. Ce remarquable succès a conduit à deux erreurs d'analyse.

La première a été de croire que le monde entier voulait vivre selon une forme d'extrême individualisme, avec des systèmes très redistributifs.

La deuxième a été de penser que notre sécurité, puisqu'elle était assurée entre nous, l'était aussi vis-à-vis de l'extérieur. L'UE a eu beaucoup de mal à définir ses frontières, se considérant comme universaliste, avec l'idée que l'économie de marché, l'État de droit et les droits humains avaient vocation à se propager sur l'ensemble du globe ; avec la conviction que nous étions, d'une certaine manière, à l'abri des turbulences du monde, assortie d'un mépris souverain pour les questions stratégiques et militaires.

Depuis le début des années 1970, les Européens ont désarmé et continué à le faire après le 11 septembre, alors que tous les autres pays réarmaient. Aujourd'hui, ils se retrouvent dans une situation délicate et restent très dépendants de l'engagement américain pour leur sécurité. C'est un problème fondamental, car les Européens vont devoir se rendre compte que la sécurité, c'est comme l'oxygène : ●●●

●●● c'est quand il vient à manquer qu'on prend conscience de son caractère indispensable. Ils vont devoir investir fortement dans leur sécurité, même au détriment d'une certaine conception de leur prospérité.

L'Europe est la troisième zone économique mondiale, mais elle a trouvé son positionnement géopolitique notamment en raison de ses divisions internes. L'accélération actuelle est marquée par la multiplication des actions intentionnelles pour modifier les rapports de force. Les Européens ont cru pouvoir se soustraire à cette logique, mais les réalités géopolitiques les rattrapent.

Qu'en est-il de l'Iran sur le plan géopolitique ?

Sur le plan géopolitique, l'Iran est d'abord un pays qui aspire à un rôle de puissance historique. Il se considère comme l'héritier d'une civilisation, tout en étant une république théocratique.

L'Iran est le pays qui a le plus bénéficié du 7 octobre 2023, en soutenant le Hamas.

L'acte fondateur de la république islamique d'Iran est la prise d'otages de l'ambassade américaine, un acte d'antagonisme fondamental vis-à-vis des États-Unis, le « Grand Satan », qui est constitutif de son positionnement international. L'Iran a réussi à exercer une influence régionale très forte, à avoir un accès à la Méditerranée *via* le Hezbollah au Liban, à sauver avec la Russie le régime de Bachar al-Assad en Syrie, à satelliser la Syrie, à être très présent en Irak et à soutenir les Houthis au Yémen. L'Iran est également présent dans le Caucase, avec une frontière avec l'Arménie et sait exercer une pression très forte vis-à-vis des Européens par des méthodes qui lui sont propres.

C'est le pays qui a le plus bénéficié du 7 octobre 2023, en soutenant politiquement et militairement le Hamas. Le fait que le Hamas ait conduit des opérations terroristes de grande ampleur en Israël a suspendu la normalisation diplomatique entre l'Arabie saoudite et Israël, faisant de l'Iran le principal héraut de la cause palestinienne.

La stratégie américaine à l'extérieur va-t-elle évoluer avec les prochaines élections présidentielles ?

Si Donald Trump revenait à la Maison Blanche, on pourrait s'attendre à des différences marquées par rapport à sa présidence précédente. Avec son expérience du pouvoir et la contestation des résultats de l'élection de 2020, Trump pourrait introduire des changements institutionnels significatifs et accentuer la pression politique sur ses opposants. Sa politique étrangère pourrait être plus unilatérale, susceptible de créer des tensions transatlantiques, notamment en matière commerciale. Il pourrait chercher à exercer une pression plus forte sur des acteurs internationaux comme l'Ukraine afin de conclure un accord avec la Russie. Ses déclarations sur l'OTAN suscitent une vive inquiétude en Europe.

En résumé, bien que certains éléments stratégiques clés resteront constants, les élections pourraient introduire des changements substantiels dans la manière dont les États-Unis abordent leurs relations internationales et gèrent les tensions géopolitiques, en particulier en Europe et au Moyen-Orient. ■

Image d'artiste d'une naine brune en orbite autour d'une étoile brillante. ESA

DES NAINES BRUNES OBSERVÉES AUTOUR D'ÉTOILES

Pour la première fois, des naines brunes ont été observées gravitant autour d'étoiles. En combinant à la fois l'imagerie d'un télescope spatial (GAIA) et terrestre (VLTI), le Centre national de la recherche scientifique (CNRS), l'université Grenoble-Alpes et l'Observatoire de Paris-PSL ont pu identifier cinq corps lumineux comme des naines brunes rattachées à des étoiles. Souvent peu visibles en raison de leur faible luminosité, ces corps célestes sont à mi-chemin entre la planète et l'étoile, et errent seules, la plupart du temps. Cette prouesse d'imagerie spatiale contribuera à mieux comprendre la formation des naines brunes et leur fonctionnement, ainsi que le développement des exoplanètes du système solaire. ■

LES ÉLÉPHANTS SE NOMMENT PAR LE BARRISSEMENT

La revue *Nature Ecology and Evolution* a publié une étude montrant que les éléphants communiquent et interagissent entre eux en se donnant des noms... ou du moins des sons. Une intelligence artificielle ayant analysé 459 barrissements différents dans deux troupeaux d'éléphants a révélé que ces vocalises seraient une manière pour les éléphants d'appeler leurs congénères, en attribuant à chacun d'eux un son particulier. Chacun reconnait le son qui lui est associé et ignore les autres barrissements.

LA CHINE RAPPORTE SUR TERRE DES DÉBRIS DE LUNE

Une sonde chinoise a rapporté sur Terre fin juin des échantillons provenant de la face cachée de la Lune. Cette première mondiale peut être qualifiée d'exploit, les difficultés techniques étant légion. Sur place, la sonde a fait usage d'une foreuse et d'un bras robotique, a pris des photos et planté un drapeau chinois. Ces échantillons permettront d'en savoir davantage sur la formation de l'astre lunaire. Une première mission habitée chinoise vers la Lune devrait être lancée d'ici 2030.

DÉCOUVERTE D'UN MÉCANISME BACTÉRIEN DE DÉFENSE

Un système de défense chez les bactéries a été découvert par des scientifiques du CNRS et de l'université de Toulouse II-Paul Sabatier en juillet 2024. En effet, les bactéries seraient capables d'en alerter d'autres par contact, grâce à leurs alarmones (l'une de leurs molécules), en réaction à la présence d'antibiotiques ou de substances toxiques. Par anticipation, même les bactéries « non stressées » s'activent, ce qui entraîne leur propagation rapide et coordonnée. Selon les scientifiques en charge de l'étude, cette découverte devrait permettre le développement de « nouveaux traitements antibiotiques plus efficaces qui cibleraient ce nouveau système de communication bactérienne ».

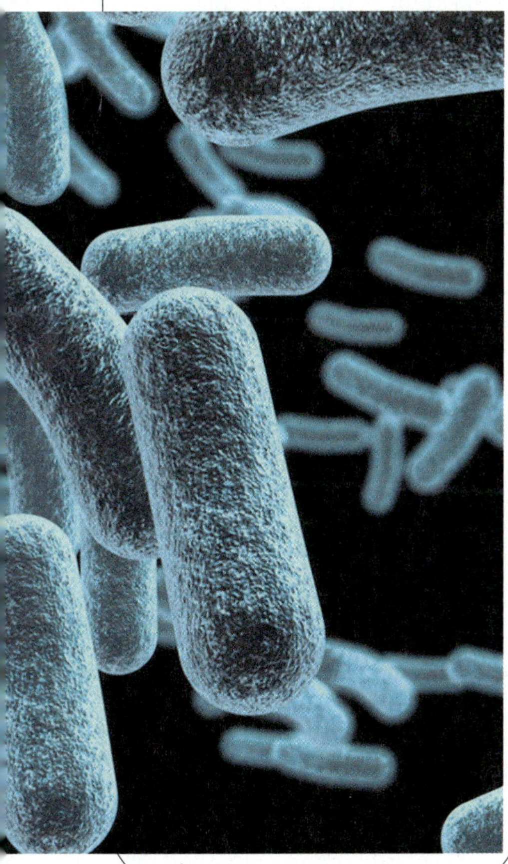

UN CŒUR VIVANT TRAVERSE L'OCÉAN

Le 30 juin, un patient de 70 ans a bénéficié à l'hôpital parisien de la Pitié-Salpêtrière, de la greffe d'un cœur prélevé en Guadeloupe. Cette prouesse médicale est une première. Le cœur du donneur de 48 ans a pu être conservé pendant douze heures et parcourir 6 700 km avant de rejoindre l'Hexagone et d'être greffé. La société suédoise Xvivo a mis au point une caisse à greffon permettant d'oxygéner et de perfuser le cœur en continu. La période de conservation habituelle a ainsi pu être multipliée par trois. Dans un contexte de pénurie d'organe, cette invention pourrait révolutionner le domaine de la transplantation.

UN MÉDICAMENT POUR FAIRE REPOUSSER LES DENTS

Des chercheurs de l'hôpital Kitano à Osaka ont identifié le gène qui bloque la repousse des dents. Ils auraient alors mis au point un médicament qui le désactiverait, permettant aux dents de pouvoir toujours repousser. Les expériences se sont montrées concluantes sur des furets et des souris. Jusqu'en 2025, le médicament sera testé sur des adultes sains ayant au moins une dent manquante, puis sur des enfants âgés de 2 à 7 ans. Si les résultats sont satisfaisants, le médicament pourrait être disponible d'ici 2030. Véritable alternative à la prothèse, il s'agirait d'une révolution dans la médecine dentaire.

LA FUSÉE ARIANE 6 DÉCOLLE

Le 10 juillet 2024, la fusée Ariane 6 a effectué son vol inaugural dans l'espace. C'est « un événement historique » pour l'Agence spatiale européenne (ESA) et pour l'Europe qui avaient envoyé leur dernière fusée, Ariane 5, il y a un an. D'autant qu'en moyenne, la moitié des vols inauguraux de fusées sont des échecs. Ariane 6 a bien décollé en embarquant à son bord une dizaine de microsatellites. Cette mission marque le retour autonome de l'Europe dans la course à l'espace.

UNSPLASH/ISTOCK-FATIDO /ESA-CNES-ARIANESPACE-ARIANEGROUP

Mesopotamia, Olivier Guez

416 pages, broché, Éditions Grasset, 23 €

EN NOVEMBRE 1914, l'armée britannique pénètre dans le golfe Persique avec la ferme intention de conquérir la région qui s'étend entre le Tigre et l'Euphrate, pour en faire un État fournisseur de pétrole. Or, l'armée turque s'avère bien plus résistante que prévue, et la britannique s'enlise. Dans ce contexte, le Foreign Office décide de s'armer d'une conseillère de renom : Gertrude Bell. Petite-fille d'un très riche industriel anglais, passée par l'université d'Oxford, archéologue, arabophone et persophone, Gertrude Bell a consacré sa vie à explorer, cartographier et décrire le Moyen-Orient. Elle se voit confier une mission : créer un État de toutes pièces qui réconcilie Chiites, Juifs, Bédouins, Turcs, Britanniques, Français et Allemands.

Bien vite, celle qui avait 8 ans quand la reine Victoria a été couronnée impératrice des Indes, comprend que le vent a tourné. Depuis « les quatorze points de Wilson » en 1918, on ne parle plus d'impérialisme, mais du droit à l'autodétermination des peuples. Réussira-t-elle à assurer la paix dans la région, tout en honorant les ambitions de son pays ? *Mesopotamia* est le récit d'une immense figure féminine au Moyen-Orient, qui saura faire preuve de finesse, d'expertise et de patience pour déchiffrer un monde complexe et se faire une place dans un univers masculin. Elle le revendique : « (...) j'appartiens déjà à la Mésopotamie. J'en ai la conviction. J'aime ce pays, personne ne le connaît aussi bien que moi, et ma main modèle son avenir. »

Si Gertrude Bell s'illustre par sa résistance et son intelligence dans la région, son cœur n'est pas immunisé contre les deuils et les déceptions amoureuses. En nous donnant accès à la correspondance privée de l'aventurière, Olivier Guez brosse le portrait d'une femme courageuse et sensible, pour laquelle il n'est pas toujours facile d'assumer son indépendance et sa liberté. La narration d'Olivier Guez s'harmonise parfaitement avec la plume de Gertrude Bell. Il signe un roman historique rigoureux, à l'écriture dense et méticuleuse. ■ L.J

Atlas des glaciers, Denis Mercier et Gaëlle Sutton

96 pages, Éditions Autrement, 2024, 24 €

En 2024, on compte 274 000 glaciers sur la planète. Visqueux et plastiques, les glaciers se déforment sous leur propre poids. Leur vitesse de déplacement et d'évolution dépend notamment de leur exposition au soleil, qui détermine leur « albédo » (fraction de la lumière que réfléchit ou diffuse un corps non lumineux). Pourquoi la moitié des glaciers devrait disparaître d'ici 2100 ? Pourquoi ne vivrons-nous jamais dans un monde sans glaciers ? L'*Atlas des glaciers* apporte des réponses schématisées et cartographiées par Gaëlle Sutton.

Aucun respect, Emmanuelle Lambert

226 pages, Éditions Stock, 20 €

Une étudiante débarque à Paris et décroche un job qui consiste à organiser la quantité pharaonique d'archives autour du « pape du nouveau roman » : Alain Robbe-Grillet. Leur rencontre et leur collaboration seront pour la jeune fille l'occasion de découvrir le milieu littéraire de la fin des années 90 et une certaine idée de la liberté sexuelle qui y est défendue. De sa plume, Emmanuelle Lambert parvient à faire percevoir au lecteur les yeux écarquillés et méfiants d'une héroïne qui affûte ses idées de page en page.

Hôtel Roma, Pierre Adrian

192 pages, broché, Éditions Gallimard, 19,50 €

Lui vit à Rome, « la fille à la peau mate » à Paris. Turin devient leur point de rendez-vous et la ville où s'ancre leur amour. Il lui fait découvrir Cesare Pavese, grand auteur piémontais qui s'est donné la mort dans une chambre de l'hôtel Roma, en face de la gare de Torino Centrale. Ensemble, ils sillonnent la ville aux arcades pour enquêter sur ce romancier dont l'esprit erre encore au croisement des rues et dans les collines alentour. En fondant ses recherches dans les journaux intimes et l'œuvre de Pavese, Pierre Adrian dévoile les difficultés du métier de vivre.

JEUNESSE

Deux mois chez Andrea, Julien Dufresne-Lamy

304 pages, Éditions Nathan, 15, 95 €

À 16 ans, Aurélien passe l'été chez son oncle parce que sa mère est malade. Difficile de vivre avec cet homme qu'il connaît mal et un cœur brisé. Heureusement, sa rencontre avec un jeune anglais dénommé William va lui changer les idées… Un roman qui confirme que c'est bien en été que l'on grandit.

***L'AVIS* de Julie Gazoni, libraire au Hall du Livre à Nancy**

Un été comme une parenthèse, où Aurélien va apprendre à redécouvrir cet oncle inconnu, tout en tentant de comprendre les addictions destructrices de sa mère afin de pouvoir lui pardonner ses actes – peut-être. Un été hors du temps, où le désir et l'amour s'éveillent et permettent à l'adolescent de se relever à son rythme et d'analyser les traumatismes familiaux avec un regard plus serein.
Un roman qui traite de sujets graves avec un rythme solaire et apaisé, mettant en lumière la force de la résilience et l'importance de certaines rencontres pour la guérison de l'âme.

Le syndrome de l'Orangerie, Grégoire Bouillier

432 pages, broché, Éditions Flammarion, 22€

Oppression, vertige, voilà ce que provoque chez l'écrivain Grégoire Bouillier la vision des grands panneaux des *Nymphéas* de Claude Monet au musée de l'Orangerie, lorsqu'il le visite. Étonnant quand on a à l'esprit ce jardin flottant, peint par l'un des maîtres de l'impressionnisme ! Mais « je ne dois pas être normalement constitué » écrit l'auteur qui, à la façon de ses précédents romans, fait preuve d'autodérision et embarque le lecteur à ses côtés.
Ce syndrome est provoqué par une vision macabre : les panneaux cachent une scène de crime ! Un tel choc nécessite une enquête approfondie car « le réel a bien plus d'imagination que la fiction ». C'est alors un voyage dans le temps, dans l'espace et dans l'histoire de l'art. La lecture nous transporte des débuts de l'impressionnisme à la Première Guerre mondiale, nous conduit à Giverny évidemment, mais à Auschwitz aussi, nous fait (re)découvrir Tintin, Edgar Poe, le peintre Ferdinand Hodler et bien d'autres. Un roman riche, émouvant et drôle, qui nous invite au plus près de celui qui réalisa plus de 400 tableaux de nymphéas. Finalement, Grégoire Bouillier pousse le zoom au plus loin et au bout de sa focale, nous révèle ce fameux cadavre.

Un désir démesuré d'amitié, Hélène Giannecchi

288 pages, broché, Éditions Seuil, 21 €

« L'amitié me protège, augmente ma puissance d'action, mon désir, mon intelligence », explique Hélène Giannecchi. Elle s'interroge : pourquoi la société n'accorde-t-elle pas autant d'importance aux amitiés qu'aux couples ? Pourquoi le statut d'amitié n'est-il pas reconnu par l'administration ? Et s'il l'était, à quoi ressemblerait le monde ? Comment organiserions-nous nos habitations ? En plaçant ses amies au centre de sa vie, Hélène Giannecchi a bien conscience de « dévier » du schéma de couple hétérosexuel traditionnel. C'est donc sa place dans la société, au sein de la communauté LGBTQ, qu'elle cherche en analysant des archives et des photographies.

Histoire et Mémoire(s), Sébastien Ledoux

Documentation photographique, 64 pages, CNRS Éditions, 11€

La revue *Documentation Photographique*, « Histoire et Mémoire(s) » par Sébastien Ledoux, analyse les formes multiples et les évolutions de la mémoire dans nos sociétés, au cours des XXᵉ et XXIᵉ siècle. Elle parcourt ainsi le phénomène de mondialisation des mémoires, l'importance de la justice et le rôle des acteurs individuels et collectifs. L'étude aborde des événements marquants du siècle dernier et des pratiques mémorielles plus récentes, pour concevoir la mémoire comme un objet historique.

Pierre Lottin et Benjamin Lavernhe dans *En fanfare.* DIAPHANA/THIBAULT GRABHERR

EN FANFARE

Comédie dramatique française d'**Emmanuel Courcol**, avec Benjamin Lavernhe, Pierre Lottin (2024). Sortie le 27 novembre ; 1h43.

APRÈS *UN TRIOMPHE* (2021), où un acteur donnait des cours de théâtre en prison, Emmanuel Courcol filme à nouveau le choc de deux mondes que tout semble opposer. Thibault, célèbre compositeur et chef d'orchestre gravement malade, apprend qu'il a été adopté et se découvre un frère, qui seul pourrait le sauver. Il va à la rencontre de Jimmy, employé d'une cantine scolaire et tromboniste dans une fanfare du Nord de la France. Souvent drôle, jamais caricatural, toujours humaniste, *En fanfare* dessine ses personnages avec délicatesse et profondeur et questionne le déterminisme social, l'inné et l'acquis. On pense aux comédies anglaises délicieuses, style *The Full Monty* ou *Les Virtuoses*, mais le film parvient à déjouer les pièges du genre. Le face-à-face entre Benjamin Lavernhe et Pierre Lottin, tous deux remarquables, nous fait passer du rire aux larmes.

L'HISTOIRE DE SOULEYMANE

Drame français de **Boris Lojkine**, avec Abou Sangare, Nina Meurisse (2024). Sortie le 9 octobre ; 1h33.

RÉCEMMENT ARRIVÉ de Guinée, Souleymane sillonne Paris à toute allure. Il livre des repas à vélo, attrape *in extremis* le bus de nuit pour dormir à l'abri et se remémore inlassablement les raisons de son exil pour préparer sa demande d'asile auprès de l'administration. Haletant, poignant, ce film entre documentaire et fiction est une plongée impressionnante dans la réalité des réfugiés qui n'ont que leur énergie et le système D pour survivre. Il est littéralement porté par Abou Sangare, un Guinéen de 23 ans arrivé en France il y a six ans, et dont l'histoire est proche de celle de son personnage.

PAR **ISABELLE DANEL**

SARAH BERNHARDT, LA DIVINE

Biopic français de **Guillaume Nicloux**, avec Sandrine Kiberlain, Laurent Lafitte (2024). Sortie le 18 décembre ; 1h38.

AUSSI DOCUMENTÉE qu'imaginée – car il y a plusieurs vérités sur le mythe qu'est l'actrice Sarah Bernhardt (1844-1923) – cette biographie est une réussite. Monstre talentueux, femme libre en avance sur son temps, la dénommée « divine » est ici magnifiée par Sandrine Kiberlain, impressionnante, dans des décors et des costumes somptueux.

LA PLUS PRÉCIEUSE DES MARCHANDISES

Film d'animation français de **Michel Hazanavicius**, avec les voix de Dominique Blanc, Grégory Gadebois (2024). Sortie le 11 décembre ; 1h30.

D'APRÈS LE CONTE de Jean-Claude Grumberg, le réalisateur de *The Artist* signe ce film d'animation dont il assure aussi tous les dessins. D'une grande beauté formelle, cette fable sur la Shoah est bouleversante.

La plus précieuse des marchandises. STUDIO CANAL

VINGT DIEUX

Chronique française de **Louise Courvoisier**, avec Clément Faveau, Luna Garret (2024). Sortie le 11 décembre ; 1h30.

DANS UN BLED du Jura, Totone, 18 ans, fait la fête avec ses potes. Devant s'occuper de sa petite sœur il décide, pour gagner un concours et un gros chèque, de fabriquer le meilleur comté de la région. Justesse de ton et des comédiens non professionnels, tous épatants : ce premier long métrage joyeux est un régal !

Titien, *Vénus bandant les yeux de l'Amour*, (vers 1565). GALLERIA BORGHESE/MAURO COEN

LE MUSÉE JACQUEMART-ANDRÉ ROUVRE EN BEAUTÉ

Jusqu'au 5 janvier 2025 au musée Jacquemart-André (Paris)

APRÈS UN AN DE FERMETURE pour travaux, le musée Jacquemart-André a rouvert ses portes. Pour inaugurer sa nouvelle ère, il accueille des œuvres de la Galerie Borghèse de Rome. Ce partenariat avec le musée romain sonne comme une évidence puisque l'établissement parisien, créé en 1864 par le couple de collectionneurs Édouard André et Nélie Jacquemart, est une référence en matière d'art italien.
L'exposition intitulée *Chefs-d'œuvre de la Galerie Borghèse* et centrée sur la Renaissance et la période baroque, dévoile des tableaux rarement prêtés à l'étranger. Les grands noms italiens sont mis en avant : Raphaël, Botticelli, Titien, Véronèse, le Bernin ou encore le Caravage. Mais aussi des artistes du nord de l'Europe ayant séjourné en Italie comme Rubens, et des noms moins connus du grand public (Annibal Carrache, Jacopo Bassano…).
La présentation des œuvres éclaire à la fois l'histoire de la collection imaginée par le cardinal Scipion Borghèse (1577-1633) et le sens des grandes thématiques explorées par les artistes.

L'AUBE DU SIÈCLE AMÉRICAIN, 1919-1944

Jusqu'au 5 janvier 2025, au Mémorial de Caen

À L'OCCASION du 80e anniversaire du Débarquement en Normandie, le Mémorial de Caen raconte l'Amérique dans laquelle les GI's ont grandi. Une exploration de l'histoire culturelle, sociale et politique du peuple américain, de 1918 jusqu'au Débarquement. C'est ainsi l'occasion de redécouvrir l'âge d'or d'Hollywood, le jazz des années 20, la Grande Dépression ou l'Amérique du New Deal à travers une médiation immersive.

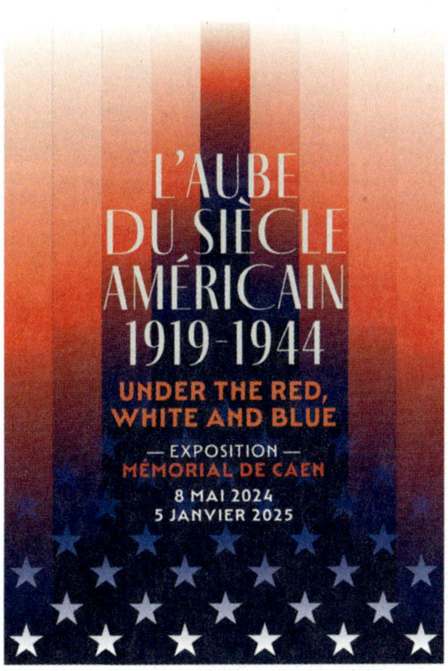

L'INTIMITÉ DÉVOILÉE AU MAD PARIS

L'Intime, de la chambre aux réseaux sociaux, du 15 octobre 2024 au 30 mars 2025 au musée des Arts décoratifs (Paris)

LE MUSÉE des Arts décoratifs de Paris invite ses visiteurs à pousser la porte des pièces qui échappent habituellement aux regards indiscrets, et aborde l'intimité *via* de multiples prismes – de la sexualité à l'hygiène, en passant par les outils de surveillance et de protection. L'exposition interroge également la façon dont les réseaux sociaux ont bouleversé la frontière entre espaces publics et privés. Les peintures, lithographies et photographies côtoient ici les objets d'arts décoratifs et ceux du quotidien dans cette exposition présentant plus de 470 œuvres.

LE TEMPS D'UN RÊVE

Du 18 octobre 2024 au 24 août 2025 au musée des Confluences (Lyon)

VOUS SOUVENEZ-VOUS de vos rêves le matin ? Le musée des Confluences à Lyon propose de décrypter les différents sens qui leur ont été attribués au fil des siècles. Source d'inspiration artistique pour les surréalistes, représentation fictive et fallacieuse du monde pour les réalistes, le rêve occupe des fonctions différentes dans chaque société. Mythologie, histoire, neurosciences, psychanalyse et peinture sont convoquées pour étudier l'histoire de l'oniromancie, l'art d'interpréter les rêves.

MÉMORIAL DE CAEN/CONFLUENCES

Combien de temps durera le gouvernement Barnier ? L'électoralisme prend le pas sur les projets.

PAR **JEAN-PIERRE BÉDÉÏ,** JOURNALISTE

LES PARTIS POLITIQUES
LA CULTURE DU C

UNE SI LONGUE ATTENTE ! Cinquante et un jours se sont écoulés entre la démission du gouvernement Attal, le 16 juillet, et la nomination de Michel Barnier au poste de Premier ministre, le 5 septembre. Jamais une période de transition ne s'était avérée aussi interminable, battant le record du gouvernement Mayer (38 jours de latence en 1953) au cœur d'une IVᵉ République pourtant souvent décriée pour son instabilité...

Durant cette période estivale vécue au rythme des Jeux olympiques, les partis politiques se sont montrés incapables de forger une coalition à partir des trois blocs dégagés par les élections législatives consécutives à la dissolution (193 députés pour le Nouveau Front populaire – NFP, 166 pour les macronistes, 126 pour le Rassemblement national – RN, auxquels s'ajoutent leurs alliés, les 16 ciottistes) et enfin les 47 élus du parti Les Républicains – LR. Jusqu'à la solution Barnier, toutes les candidatures pour Matignon, celle de Lucie Castets présentée par la gauche, ou celles étudiées par Emmanuel Macron au cours de sa valse-hésitation, ont été aussitôt torpillées par tout ou partie du champ politique, avant même que la moindre négociation entre les différentes forces ne s'amorce pour tenter de dégager quelques priorités communes au nom de l'intérêt général. Le rejet était érigé en loi d'airain au détriment de l'esprit d'ouverture qu'imposait cette situation inédite. Comme si le compromis n'appartenait pas à la culture politique française, à l'inverse de nombreuses démocraties européennes dont

L'Assemblée nationale le 18 juillet 2024. JACQUES WITT/SIPA

RÉTIFS À OMPROMIS

l'Allemagne qui le pratique depuis longtemps, la coalition actuellement au pouvoir outre-Rhin rassemblant sociaux-démocrates, libéraux et écologistes.

Des précédents ont existé

Il faut dire que la Ve République a été marquée longtemps par l'affrontement binaire droite/gauche. Pourtant l'historien Jean Garrigues rappelle : « Le compromis a toujours existé. Il est à la base d'une vie parlementaire réussie. Sous les IIIe et IVe Républiques, ils ont été innombrables. Les Lois constitutionnelles de 1875 ont été l'œuvre des monarchistes et des républicains. On a connu un gouvernement d'union sacrée en 1914, puis un autre d'union nationale dirigé par Poincaré en 1926. Sous la IVe République, il y a eu le tripartisme, la Troisième Force, notamment. » Un autre

Le compromis peut fonctionner grâce à des équipes très proches et surtout à des ajustements.

historien, Gilles Candar, abonde : « À cette époque, lorsque le PC et les gaullistes ont occupé les deux extrêmes de l'échiquier politique, la SFIO, le MRP et quelques autres petits partis ont réussi à s'entendre grâce à des équipes très proches et surtout à des ajustements. Malgré l'instabilité gouvernementale, le pays a fonctionné. »

Tout récemment encore, lors de la dernière législature, des accords ont été trouvés entre la majorité relative des macronistes et des partis d'opposition. De juin 2022 à juin 2023, LR et le RN ont voté les textes du gouvernement, respectivement dans 64 % et 58 % des cas. Les partis de gauche se sont montrés nettement moins coopératifs, mais le PS s'est abstenu sur 45 % des projets de loi. Ces convergences sont souvent passées inaperçues, couvertes par le tohu-bohu de séances conflictuelles sur les grandes réformes et l'usage à répétition de l'article 49-3. Cependant, elles prouvent qu'il est possible de tisser des compromis en l'absence de majorité absolue. Alors pourquoi, en 2024, une entente entre les forces politiques, ne •••

●●● serait-ce que sur quelques mesures prioritaires, paraît-elle si difficile à faire émerger ? À la fois par absence de tradition depuis 1958, mais aussi pour des raisons étroitement politiciennes. Certes, sous la Ve République, des alliances ont pu se nouer (RPR-UDF, PS-PC-radicaux de gauche, écologistes), mais elles se bâtissaient au sein d'un même camp pour atteindre le plus souvent une majorité absolue à l'Assemblée nationale. « Or aujourd'hui, nous sommes dans une situation politique totalement inédite, puisqu'aucun des trois blocs issus des législatives n'est près d'obtenir la majorité à lui seul, constate Jean Garrigues. Il faut donc inventer des pratiques nouvelles qui ne peuvent passer que par le compromis. Or les acteurs politiques actuels n'y sont pas prêts, pour des raisons électoralistes. Le PS ne veut pas rompre avec LFI dans la perspective des prochaines élections municipales

Objectifs et mécanismes électoraux empêchent la mise en œuvre de nouvelles pratiques.

et législatives, et Les Républicains de Laurent Wauquiez pensent à la prochaine présidentielle. Ce sont donc des objectifs électoraux et les mécanismes du système électoral majoritaire qui empêchent les partis de mettre en œuvre de nouvelles pratiques. Pourtant dans toute situation de blocage, c'est l'intérêt national qui doit s'imposer. » La constitutionnaliste Marie-Anne Cohendet confirme : « Les partis français restent crispés sur leur programme, chacun rêve de l'Élysée et d'une majorité absolue en 2027. » (*Le Monde*, 3 septembre)

Résultat de cet imbroglio estival, de la valse-hésitation d'Emmanuel Macron qui refusait un éventuel gouvernement de gauche en la personne de Lucie Castets, et de l'intransigeance des forces politiques : c'est Michel Barnier, issu du parti LR arrivé en cinquième position lors des législatives, qui a hérité de Matignon ! Une sorte de « qui perd, gagne ». Ce paradoxe que la gauche dénonce comme un « déni de démocratie », ressemble à la situation espagnole. À la suite des élections législatives de juillet 2023, aucune majorité claire ne se dégageait du scrutin. Bien que le parti populaire de droite soit arrivé en tête, c'est finalement le socialiste Pedro Sánchez qui a conservé son poste de Premier ministre, grâce à des ralliements électoraux de petits partis après quatre mois de crise politique. Certes les contextes politiques espagnol et français sont différents, mais l'absence de majorité absolue dans les deux cas a finalement profité à un parti qui n'avait pas gagné les élections...

La proportionnelle, une solution ?

Face à cette aporie politique ressurgit un vieux serpent de mer : l'instauration de la proportionnelle. « Elle obligerait les partis à négocier. Ceux qui ne le feront pas disparaîtront », affirme la constitutionnaliste Marie-Anne Cohendet qui invite à sortir « d'une vision dépassée de la Ve République » dans laquelle deux grands partis dominent l'espace politique. Pour François Bayrou, la proportionnelle « invite à faire des alliances, mais pas de la soumission ». Si depuis longtemps ce mode de scrutin est réclamé par « les petits partis », il commence à être examiné avec plus d'intérêt par les autres formations politiques. Encore faudra-t-il que tout le monde s'accorde sur le degré de proportionnalité. Doit-il être intégral, mixte, partiel ou avec une prime majoritaire ? Les options sont nombreuses et peuvent être différentes selon le type d'élection. Ce système électoral comporte aussi des inconvénients. Certains redoutent qu'il éloigne les députés du terrain en « laissant la possibilité aux états-majors parisiens des partis de construire des listes de candidats sans aucun lien avec les réalités politiques locales » (Édouard Philippe).

Marine Le Pen attend un engagement de Michel Barnier pour mettre en œuvre cette réforme. Preuve, parmi d'autres, qu'à peine arrivé à Matignon, le Premier ministre est fragilisé par l'épée de Damoclès suspendue au-dessus de sa tête par le RN qui, en s'associant à une motion de censure, pourrait renverser le gouvernement à tout moment. Avec des marges de manœuvre financières quasiment nulles, une latitude politique très limitée et un RN en embuscade, Michel Barnier avance déjà sur une corde raide, même s'il franchit avec succès l'épreuve de son discours de politique générale. ■

LE CHOIX DE SES OPINIONS
RÉSEAUX D'INFLUENCE ET ESPACES DE LIBERTÉ

Les récentes élections ont été l'occasion de prises de positions radicales, parfois au risque de la rupture avec leur environnement. Mais comment se forme cette opinion politique ?

PAR **ANNE MUXEL**, DIRECTRICE DÉLÉGUÉE DU CEVIPOF ET DIRECTRICE DE RECHERCHES ÉMÉRITE AU CNRS

LES CONVICTIONS POLITIQUES et religieuses constituent le noyau dur de l'identité sociale et culturelle, mais aussi intime et personnelle de l'individu. Elles sont enchâssées au plus profond de nos idéaux et de nos croyances, elles participent à la construction du socle de valeurs et de repères à partir desquels chacun décode le monde environnant et s'y positionne. Mais d'où viennent ces convictions ? Comment prend forme cette armature d'opinions qui régissent notre entendement et nos interactions dans la sphère publique et collective, comme dans l'espace de nos vies privées ? Car en même temps qu'elles nous habitent, elles coexistent avec plus ou moins de consensus et de conflits dans nos sociétés démocratiques marquées pourtant du sceau du pluralisme. En quoi ces opinions nous sont-elles singulières ? Et en quoi signent-elles, sinon une appartenance, en tout cas une reconnaissance avec d'autres ? Leur genèse prend forme et sens dans une interaction entre l'intime et le public, le privé et le collectif, à l'échelle des contingences individuelles, mais aussi plus largement à l'échelle des transformations récentes de nos démocraties contemporaines. Leur développement et leur expression résultent de la façon dont sont négociés le poids des déterminismes sociaux et la marge d'autonomie propre à chaque individu.

> **La famille reste un vecteur décisif de transmission des convictions.**

Biberonné aux idées politiques

Commençons par le commencement. C'est tout d'abord au sein de la famille que se font les premiers apprentissages politiques et que se forment tout un ensemble de dispositions et de comportements dont les traces resteront visibles aux étapes ultérieures de la vie. La famille, malgré ses recompositions et le mouvement d'individualisation qui la touche, reste un vecteur décisif de transmission des convictions. Et cela intervient très tôt, dès la petite enfance, où c'est à la fois par mimétisme, par identification et imprégnation affective que la politique vient aux enfants. Dans la majorité des cas, ces processus complexes interviennent de façon implicite. Mais la politique peut aussi se transmettre dans le cadre de traditions et de cultures familiales ayant une efficacité particulière lorsqu'elles sont revendiquées comme telles. L'exemple parental y joue tout son rôle.

Dans la société française actuelle, ce sont près des deux tiers des individus qui reconnaissent s'inscrire dans la continuité des orientations idéologiques de leurs parents, soit de gauche, soit de droite, ou encore « ni de gauche, ni de droite ». D'une génération à l'autre, la filiation idéologique prend le pas sur la discontinuité et le changement. Dans le cas de divergence parentale, les mères transmettent davantage leurs choix politiques que les pères. Leur présence quotidienne et laproximité affective jouent leur rôle. Entre 10 •••

●●● et 15 % des Français seulement revendiquent une rupture politique familiale. La force du changement reste donc assujettie à la force de la transmission. Mais cette dernière ne signifie pas une reproduction à l'identique. L'offre politique et électorale évolue, la conjoncture politique change, et suppose que l'on négocie avec son héritage et que l'on adapte ses choix. On peut être de gauche comme ses parents, sans pour autant voter pour le même parti. On peut s'inscrire dans une même filiation idéologique de droite et opter pour un comportement abstentionniste. Toute transmission, pour rester vivante, suppose des interstices où la nouveauté et le renouvellement trouvent leur place. Dans la dynamique générationnelle, la socialisation politique est un processus en constant changement, l'héritage résulte toujours d'une négociation entre l'obstination et la nouveauté au fondement d'une irréductible idiosyncrasie.

La découverte de l'altérité démocratique

Parmi les vecteurs de socialisation, il faut aussi mentionner l'école et la transmission des savoirs scolaires. Comparée à la famille, cette instance est nettement moins prescriptive, ne serait-ce que parce qu'elle ne peut compter sur la force des ressorts affectifs et identificatoires de l'histoire familiale. Néanmoins, elle permet une confrontation à un autre univers de référence, en inscrivant l'enfant dans une entité plus large où l'ébauche d'une conscience citoyenne peut s'esquisser très tôt. L'instruction civique, les cours d'histoire, les activités pédagogiques et les apprentissages démocratiques de la vie scolaire, introduisent des références décisives. C'est aussi à l'école que les enfants mettent à l'épreuve leurs acquis et leurs opinions forgés dans le cadre familial et que se font les premières confrontations, peut-être les premières altercations, et avec elles, l'expérience de la différence, de la pluralité et donc de l'altérité démocratique.

Cet apprentissage se poursuit au fil du temps et des circonstances de la vie. L'amitié, l'amour, mais aussi la vie professionnelle ou encore les loisirs seront l'occasion de rencontres et d'échanges au travers desquels les opinions politiques seront confrontées à d'autres et pourront être éventuellement réajustées. Dans les relations affinitaires régissant la vie des couples ou les liens d'amitié, le désaccord politique apparaît plus rédhibitoire que dans le cas des relations familiales. Le couple surtout suppose une entente durable et il est l'instance quotidienne au sein de laquelle les échanges et les discussions politiques sont les plus fréquentes. L'homogamie y est nettement plus forte que dans d'autres cercles de proches. Les trois quarts des couples adoptent le même vote. C'est aussi entre conjoints que l'on se dit le plus facilement pour qui l'on vote.

C'est entre collègues que l'on publicise le moins son vote.

Longtemps les hommes ont pu exercer une certaine emprise sur les opinions de leurs épouses, mais avec l'émancipation de ces dernières et une plus grande individualisation des choix politiques, le couple offre désormais un espace « d'intimité démocratique » où opèrent différents arrangements permettant (ou pas) de gérer les désaccords politiques, allant de l'humour à la dispute, du silence ou du simple sentiment de malaise au risque de rupture. Dans ce microcosme, les femmes apparaissent à la fois plus réfractaires au conflit ouvert et moins enclines à accepter les situations de désaccord, ce qui n'est pas toujours facile à gérer.

C'est nettement moins le cas entre parents et enfants, mais aussi entre amis et c'est entre collègues de travail que l'on publicise le moins son vote. La politique se réfracte dans le cercle des proches et n'est pas sans incidence sur la vie affective et les relations interpersonnelles. C'est toute une politisation intime qui se joue aussi dans la vie privée et qui n'est pas sans interagir sur les opinions s'y exprimant de façon plus ou moins explicite et partagée.

La famille et l'école restent des matrices de transmission et de socialisation incontournables pour comprendre la formation des opinions politiques. Mais elles sont de plus en plus concurrencées par d'autres vecteurs d'influences complexes à mesurer, ne serait-ce que parce qu'ils sont multiples et diversifiés. Parmi les plus évidents, les médias traditionnels et surtout le nouvel espace d'informations et de communication circonscrit par Internet et les réseaux sociaux, ne peuvent être ignorés. Sans que l'on arrive bien à cerner leur impact réel. L'exposition des individus au flux continu

Dans un bureau de vote, lors des élections législatives, le 30 juin 2024. KOMMERSANT/SIPA

de données numériques, où la surpuissance des images joue un rôle de plus en plus déterminant, où les manipulations et les désinformations sont actives, où les influenceurs et les influenceuses ont une notabilité hors-norme, ne peut rester sans conséquences. Les opinions et les représentations politiques y circulent tous azimuts et ne sont pas sans imprégner les esprits. Reste à savoir comment et dans quel sens. Les recherches dans ce domaine insistent sur l'effet de confirmation pour les individus des informations recherchées, ainsi que l'emprise des algorithmes ayant pour objectif de les enfermer dans des « bulles » de savoirs ou d'opinions relativement étanches. Peu de place donc pour le changement. Néanmoins, l'extraordinaire diversité des contenus et la force des ressorts émotionnels sollicités ouvrent des voies possibles d'autonomisation et par là-même d'éventuelles modifications des opinions.

La surpuissance des images joue un rôle de plus en plus déterminant.

Mais l'espace numérique assigne aussi les individus à de nouveaux types de dépendances. Alors que les allégeances sociales et politiques se sont affaiblies dans le mouvement d'individualisation et de désinstitutionnalisation de nos sociétés, il offre un vaste ensemble de micro-appartenances au sein desquelles peuvent se tisser des réseaux d'opinions et de références entre des individus et des groupes. Il suscite de nouvelles formes de mobilisation politique et de participation citoyenne. En cela, il contribue indéniablement au renouvellement du cadre d'expression démocratique. Tout en n'étant pas sans danger et sans risque d'affaiblissement, voire d'effondrement, de ce dernier. Nul doute que nous sommes face à des défis au sein desquels les citoyens disposent d'outils et aussi d'armes d'un nouveau type pour forger leurs opinions.

Des arbitrages imprévus

Enfin, ce n'est pas à proprement parler une instance ou un vecteur de socialisation et de formation des opinions, mais l'incidence de la conjoncture politique et des événements n'est pas sans compter. Depuis plusieurs décennies, la France connaît une crise de la représentation politique et un climat de défiance des citoyens envers les responsables et les institutions politiques. Ce contexte entretient des affects négatifs envers la politique qui se traduisent soit par une polarisation de nature protestataire aux deux extrêmes de l'échiquier partisan et une certaine radicalité, soit par une tentation de repli et de retrait de toute forme de participation politique. Dans les deux cas, les opinions politiques qui en résultent sont sous l'emprise d'une profonde crise de la confiance démocratique. Les périodes électorales en sont souvent des caisses de résonnance, aboutissant à des réalignements électoraux changeant profondément les équilibres des forces politiques.

La séquence électorale inédite et inattendue que le pays vient de traverser a conduit nombre de citoyens à faire prévaloir une stratégie – un « vote de barrage » – plutôt que leurs choix politiques. Les opinions peuvent ainsi se retrouver soumises à des arbitrages imprévus, mais lourds de conséquences quant à leurs implications collectives. Ainsi va la vie démocratique. Mais on l'aura compris, la marge d'autonomie par rapport aux nombreux déterminismes de toutes sortes, au sein desquels les choix des individus sont nécessairement contraints, peut aussi s'imposer et renverser la donne. L'opinion de chacun surfe, non sans risques, sur une ligne de crête entre dépendance et liberté. ■

ÉTATS-UNIS
BILAN DE SANTÉ DÉMOCRATIQUE

Alors que les Américains sont appelés aux urnes pour élire une présidente ou un président, comment se porte leur démocratie ?

PAR **JÉRÔME MAUFRAS**, PROFESSEUR D'HISTOIRE-GÉOGRAPHIE, CARTES **ALLIX PIOT**

LE 5 NOVEMBRE 2024, environ 230 millions d'Américains sont appelés à voter pour 538 grands électeurs qui, eux-mêmes, éliront le président des États-Unis. Face-à-face, un candidat qui a déjà accédé à la magistrature suprême et une vice-présidente, Kamala Harris. Donald Trump n'avait pas accepté sa défaite face à Joe Biden et ses partisans avaient envahi le Capitole en janvier 2021. Cet acte pouvant s'apparenter à une forme de coup d'État a renoué le fil avec une histoire démocratique violente, faite d'assassinats (dont Lincoln et Kennedy), de tentatives d'assassinat (Roosevelt, Ford, Reagan, et pour Trump en juillet et septembre 2024), et de procédures de destitutions. Une violence verbale également, les élus et partisans des deux camps s'étant copieusement agressés pendant la campagne. Quel est l'état de la démocratie de la première puissance mondiale ? C'est ce que nous allons voir ici au travers d'une série d'indicateurs. ■

▶ UNE PRESSE MENACÉE ?

Les États-Unis se placent, en 2024, à la 55e place (sur 180) dans le classement des pays sur la liberté de la presse établi par Reporter sans frontières (RSF). RSF la définit comme « la possibilité effective pour les journalistes, en tant qu'individus et en tant que collectifs, de sélectionner, produire et diffuser des informations dans l'intérêt général, indépendamment des interférences politiques, économiques, légales et sociales, et sans menace pour leur sécurité physique et mentale. »

Des relations tendues avec les politiques

Ce classement 2024 est en recul de dix places par rapport à l'an dernier. Sur le site de RSF on peut lire : « Les États-Unis se préparent aux élections de 2024 dans un contexte de méfiance croissante à l'égard des médias, alimentée notamment par l'hostilité ouverte de responsables politiques, dont certains n'hésitent pas à appeler à l'emprisonnement des journalistes. À plusieurs reprises, les forces de l'ordre locales ont perquisitionné abusivement des rédactions et arrêté des journalistes. »

Cette évolution est notable avec un indice de la liberté de la presse qui n'a cessé de se dégrader depuis 2010. ■

▶ UN DÉBAT DIFFICILEMENT RATIONNEL

Aux États-Unis, les *fake news* prennent de plus en plus de place dans la production médiatique. Selon un rapport publié par le groupe de recherche NewsGuard en juin dernier, le nombre de faux sites d'informations locales aux États-Unis dépasse désormais celui des authentiques médias locaux. Depuis des mois, des centaines de sites se faisant passer pour de véritables médias ont émergé, grâce à des articles engagés générés par intelligence artificielle. Selon Newsguard, ils sont issus de réseaux russes de désinformation, de groupes conservateurs américains, mais aussi de certains groupes de gauche.

Débattre avec les complotistes ?

Selon les résultats d'un sondage Ifop/ AMB-USA.fr réalisé en avril 2023, 55 % des Américains croient aux théories du complot :

- 34 % pensent que le gouvernement américain savait que les attentats du 11 septembre 2001 auraient lieu et qu'il n'a rien fait ;
- 18 % sont persuadés que les Américains ne sont jamais allés sur la Lune ;
- 58 % adhèrent à une contre-vérité scientifique : 18 % pensent que la Terre est plate ; 20 % que les pyramides ont été construites par des extra-terrestres ; 38 % que les êtres humains ne sont pas le fruit d'une longue évolution, mais ont été créés par une force spirituelle. ■

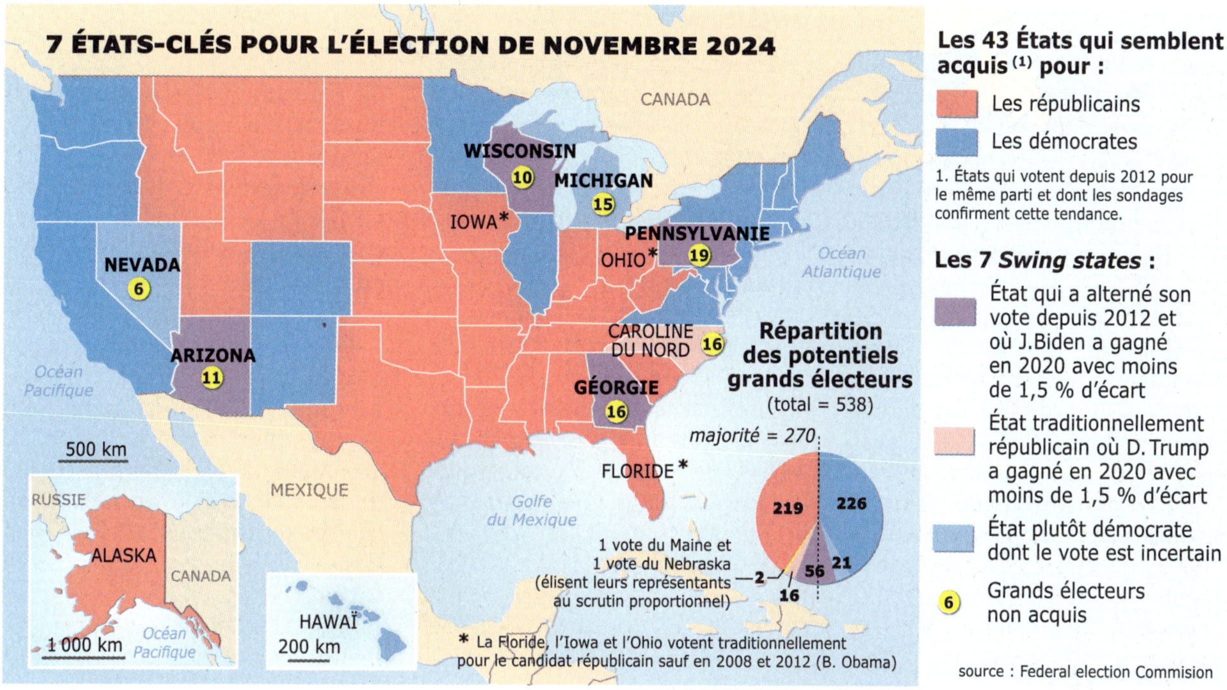

▶ UN TAUX DE PARTICIPATION EN HAUSSE...

Le 7 novembre 2020, 66,9% des électeurs américains prennent part au processus d'élection de Joe Biden. C'est le taux de participation le plus élevé depuis 1900, correspondant au plus grand nombre de votants de l'histoire des États-Unis (environ 160 millions).

Un sentiment d'utilité

De fait, les Américains restent très largement convaincus de l'utilité de leur vote : en 2020, 83 % estiment qu'il importe vraiment de savoir qui gagnera l'élection, tandis que 16 % pensent que, quel que soit le président élu, les choses resteront les mêmes. Vingt ans plus tôt, la proportion était de 50/50 (source : Pew Research center).

... MALGRÉ UN SCRUTIN STRUCTURELLEMENT DÉCOURAGEANT...

Pourtant, l'élection du président américain par l'ensemble des grands électeurs pose la question de l'utilité réelle du vote. En effet, en vertu de la règle du *winner-takes-all* (le gagnant emporte toute la mise), l'ensemble des grands électeurs d'un État est attribué au candidat ayant reçu le plus de voix.

Or, compte-tenu de la tradition politique, il est possible de prédire le résultat d'un certain nombre d'États avant l'élection. Dans les États stables, les électeurs du parti traditionnellement perdant peuvent avoir le sentiment que leur vote est « inutile ». Si l'on suit ce raisonnement, il apparaît qu'en 2020, près de 70 millions de votes n'ont pas été déterminants dans le choix final du candidat.

Autre particularité du scrutin américain : le nombre de grands électeurs attribué à chaque État n'est pas strictement représentatif de la population. Ainsi, en 2016, le Wyoming avait reçu trois grands électeurs pour 600 000 habitants, tandis que la Californie avait reçu 55 grands électeurs pour 40 millions d'habitants. Mathématiquement, cela revient à dire que la voix d'un électeur de Cheyenne compte 3,6 fois plus que celle d'un électeur de San Francisco.

...ET L'ÉLOIGNEMENT DU VOTE

Plusieurs obstacles peuvent se dresser entre l'électeur et son vote. D'abord, il n'est pas rare de devoir attendre plusieurs heures pour pouvoir voter. Dans certains États, les citoyens doivent imprimer leur bulletin de vote ; en Pennsylvanie, la Cour suprême a statué sur le fait que les bulletins envoyés par la poste qui ne comprenaient pas deux enveloppes pour cacher l'identité de l'électeur étaient déclarés non valables. Chaque comté ou État est aussi libre de sa méthode pour tenir ses listes électorales à jour, et certains éliminent régulièrement des noms d'inscrits, obligeant ainsi ces derniers à se réinscrire.

De plus, dans la plupart des États, les personnes incarcérées ne sont pas autorisées à voter.

Enfin, dernier obstacle majeur à la participation électorale : certains électeurs doivent faire de très longues routes pour atteindre les bureaux de vote : en Arizona, les membres de la Nation navajo ne disposent que d'un seul bureau de poste situé à 1 100 km. ■ ●●●

●●●

▶ LES PROGRÈS DU SYSTÈME DE SANTÉ

Le système de santé américain est souvent critiqué pour son caractère inégalitaire. Il a cependant connu une amélioration sensible, au moins quantitativement. Ainsi, en 2021, on ne comptait plus que 8,3 % des Américains sans assurance maladie, contre 16 % en 2010. On peut y voir l'effet de l'Obamacare mis en œuvre à partir de 2016. On comptait encore 30,4 millions de personnes non couvertes en 2021. Sous l'administration Biden, ce chiffre a baissé à 26 millions. Un record historique. Parmi ceux qui sont assurés, 30 millions de personnes sont *underinsured*, c'est-à-dire soumis à des taux élevés de dépenses qui ne sont pas prises en charge par rapport à leurs revenus. D'autres sont « surassurés », car rien n'empêche d'avoir plusieurs assurances.

Un nouveau fléau

Depuis 2015, la courbe d'espérance de vie stagne dans l'Amérique du Nord à hauts revenus. En cause, une épidémie de dépendance aux opioïdes (des médicaments contre les douleurs) qui fait ravage depuis les années 2010. Avec 650 000 prescriptions d'opioïdes par jour aux États-Unis et près de 12 000 kg de Fentanyl interceptés par les forces de l'ordre à la frontière avec le Mexique l'année dernière, ces substances de synthèse sont responsables de près de trois quarts des overdoses dans le pays, soit entre 100 000 et 120 000 victimes en 2023.

La campagne électorale n'est pas passée à côté de ce sujet de santé publique : D.Trump l'avait déjà évoqué dès 2016 et mobilisé cet argument pour justifier la nécessité de la construction du mur entre les États-Unis et le Mexique. ■

▶ PEUR SUR L'IVG

En juin 2022, la Cour suprême des États-Unis a annulé l'arrêt Roe *vs* Wade qui, depuis 1973, accordait aux Américaines le droit d'avorter dans tout le pays. Au lendemain de cette annonce, un certain nombre d'États ont commencé à annoncer des restrictions au droit à l'avortement. Dans 14 États, l'IVG a été interdit (sauf dans quelques rares cas de figure). Dans 7 autres, des lois ont été adoptées pour fortement diminuer le délai légal pour procéder à un avortement.

Selon un sondage réalisé en juillet 2022 par la Kaiser Family Foundation, un tiers des Américains approuvent cette annulation.

Une hausse surprenante

Paradoxalement, depuis la révocation de ce droit, le nombre d'avortements est en hausse aux États-Unis (+11% par rapport à 2020). Ce phénomène s'explique par la mobilisation des États où l'avortement est encore autorisé, l'augmentation de la prise en charge médicale en ligne, et la création de nombreuses bourses et fonds de soutien financier pour les femmes qui ne sont plus libres d'avorter chez elles. ■

L'ACCÈS À L'IVG DANS CHAQUE ÉTAT EN AOÛT 2024

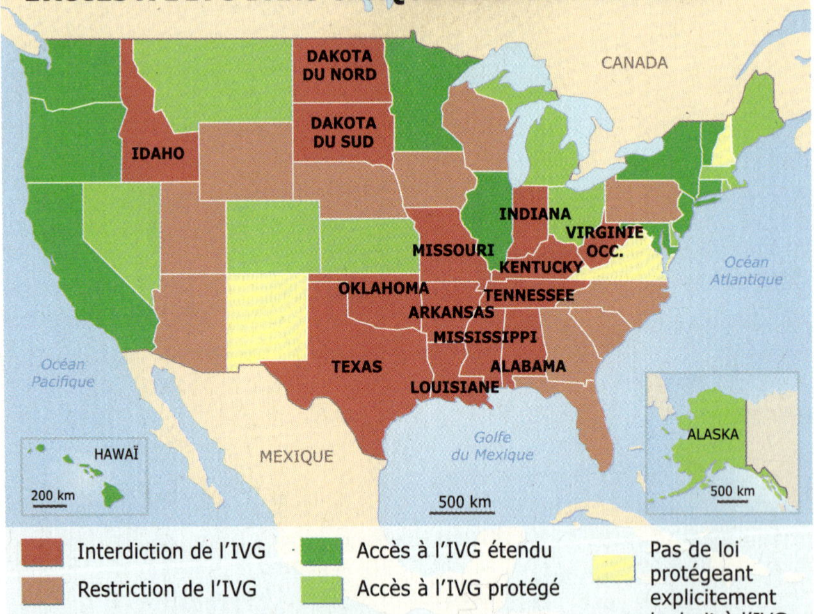

source : Center for Reproductive Rights, août 2024.

3 CHIFFRES SUR L'IVG AUX USA

Source : Guttmacher Monthly Abortion Provision Study.

+11 % d'avortements aux États-Unis par rapport à 2020 (soit 1 307 000)

+256 % au Nouveau Mexique

+77 % en Virginie

170 000 femmes ont dû traverser la frontière de leur État pour avorter.

LA PERCEPTION DE L'AUTRE : UNE BIPOLARISATION

Source : the Pew Research group

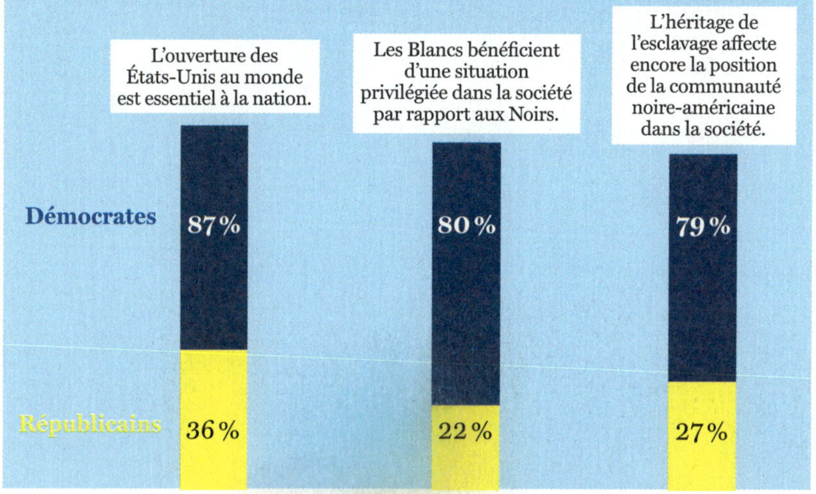

▶ L'APPRÉHENSION DE L'ÉTRANGER SUR LE TERRITOIRE

Républicains et démocrates appréhendent très différemment la présence de personnes issues de l'immigration sur leur territoire. Selon une étude du Pew Research Center – centre de recherche américain– réalisée en avril 2024, 32% des électeurs Républicains estiment que les sans-papiers devraient avoir le droit de rester aux États-Unis, contre 85% des électeurs démocrates. En zoomant sur l'électorat républicain, il apparaît que 51 % des moins de 35 ans estiment que les étrangers devraient avoir le droit de rester légalement sur le territoire à certaines conditions, contre 25 % des plus de 65 ans. L'ensemble des électeurs démocrates partagent cette opinion, avec très peu de variation entre les différentes tranches d'âge (entre 85 et 89 %).

Néanmoins, d'après ce sondage, l'opinion selon laquelle les personnes sans-papiers devraient quitter le territoire augmente, non seulement chez les républicains, (+ 16 points de pourcentage de 2017 à 2024) mais aussi chez les démocrates (+9 points de pourcentage de 2017 à 2024). ■

▶ LA PEINE DE MORT EN PENTE DOUCE

Selon un sondage réalisé en juin 2024 par le Pew Research Center, 60 % des Américains se disent favorables à la peine de mort pour les personnes reconnues coupables de meurtre.

Vingt-quatre États américains (sur cinquante) ne pratiquent plus la peine de mort en 2021. De janvier 1977 à juillet 2024, 1591 personnes ont été exécutées, dont 1410 par injection létale.

Fin 2023, 2 382 personnes étaient sous le coup d'une condamnation à mort. La dernière exécution a eu lieu le 29 août 2024, en Floride.

La longue attente des condamnées

En effet, certains États n'ont pas aboli officiellement la peine de mort, mais ne la pratiquent plus depuis longtemps. En contrepartie, les condamnés peuvent alors rester dans les couloirs de la mort de nombreuses années. Selon un rapport du ministère de la Justice publié fin 2023, les condamnés incarcérés au 31 décembre 2021 avaient passé en moyenne vingt ans derrière les barreaux. Après 14 ans d'interruption, l'Utah a, le 8 août 2024, exécuté un homme condamné à mort il y a vingt-neuf ans. ■

LE BULLETIN DE SANTÉ DE LA DÉMOCRATIE AMÉRICAINE

LA DÉMOCRATIE américaine est solide : la séparation des pouvoirs est stricte et les institutions fonctionnent sans crise politique majeure. L'abstention y est par ailleurs en recul pour les élections présidentielles et les *mid terms*, malgré un scrutin ignorant de nombreuses voix et des conditions de vote inégales, voire défavorables en fonction des territoires. Cela s'explique sans doute par le sentiment de plus en plus fort chez les Américains que l'enjeu des élections est vital.

Pour autant, il reste à comprendre ce qui se cache derrière ce regain démocratique manifeste : les débats de société sur la peine de mort, l'IVG en danger ou le système de santé ? Visiblement non, ces sujets ne sont pas au cœur des campagnes électorales parce qu'ils ne sont pas la priorité des électeurs. Serait-ce alors la conscience d'un nouveau type d'affrontement entre progressistes et populistes opposant deux visions du monde irréconciliables ? À voir.

Cette hypothèse expliquerait la baisse de l'abstention, en dépit ou à cause de la détérioration du niveau du débat public : hystérisés par des théories conspirationnistes, les Américains seraient plus enclins à voter pour ou contre une vision du monde manichéenne et irrationnelle. Cet engagement citoyen permet de comprendre aussi, sans doute, le refus de la défaite illustrée par les incidents du Capitole. Une fébrilité inquiétante que l'arrivée de Kamala Harris n'a pas permis de dissiper. ■

Adoption internationale

MOINS ADOPTER MIEUX PROTÉGER

En vingt ans, le nombre d'enfants étrangers adoptés en France s'est effondré. Les réglementations, elles, n'ont cessé de se développer jusqu'à récemment.

PAR **YVES DENÉCHÈRE** ET **FABIO MACEDO,**
ENSEIGNANTS-CHERCHEURS EN HISTOIRE CONTEMPORAINE À L'UNIVERSITÉ D'ANGERS*

ILLUSTRATIONS **MARINE SAUNIER**

L'ADOPTION INTERNATIONALE, appelée aussi adoption d'enfants étrangers, est un phénomène social transnational impliquant la migration d'un enfant vers le pays des adoptants, dans le cadre d'une procédure créant une filiation juridique. En France, depuis la loi de 1923 instituant l'adoption pour mineurs, « un Français peut adopter un étranger ou être adopté par un étranger ». Un siècle plus tard, en 2023, la France a accueilli 176 enfants étrangers en vue d'adoption. Ils étaient 4 133 en 2005. Depuis cette date, le nombre d'adoptions internationales n'a cessé de chuter en France, comme partout dans le monde. Ce déclin est dû à plusieurs facteurs. L'un d'entre eux est la popularisation du recours à des procédés de procréation médicalement assistée à partir des années 2000, créant une nouvelle voie à suivre pour les personnes en mal d'enfants. L'image dégradée de l'adoption internationale à la suite de scandales mettant en lumière des pratiques illicites est aussi à prendre en compte. Tout comme l'application de règles internationales et l'entrée en vigueur progressive de la Convention de La Haye (CLH) du 29 mai 1993 sur la protection des enfants et la coopération en matière d'adoption internationale. Un regard rétrospectif sur la mise en place d'une régulation de ce phénomène de société permet de distinguer plusieurs phases de son histoire.

Le boom des années 70 et 80

Dans les années 60 apparaissent des associations dont l'objectif prioritaire est de sauver des enfants victimes du sous-développement et menacés de mort. L'adoption internationale leur apparaît comme un moyen efficace d'agir, car elles y voient un transfert Sud/Nord de population, des classes défavorisées aux classes favorisées. Les associations ainsi mobilisées ne sont pas des œuvres spécialisées dans l'adoption, mais des mouvements voulant apporter des solutions aux enfants perdus des guerres (Corée, Algérie, Biafra, Vietnam...), menacés par la famine (Asie du Sud, Brésil, Sahel...), malades et handicapés. Pour beaucoup de militants humanitaires et tiers-mondistes, pour des congrégations religieuses qui prennent en charge des orphelinats dans le monde, l'adoption est considérée comme un bon moyen de venir en aide aux enfants malheureux ou de les sauver. Des flux d'adoption importants conduisent alors des enfants originaires des quatre coins du monde vers les pays occidentaux, d'autant plus facilement que les règles juridiques régissant les adoptions internationales sont peu établies et floues. De grands principes ont bien été énoncés dès les années 60, mais ils n'ont pas été suivis de textes normatifs internationaux.

Par ailleurs, dans les années 70, le petit nombre d'enfants adoptables en France amène les candidats à l'adoption à se tourner vers l'étranger, là où faire famille semble réalisable. En effet, ce n'est qu'en 1985 que la France impose un agrément pour l'adoption d'un enfant étranger, alors qu'il est exigé pour un enfant français depuis 1966. De 935 visas délivrés pour des enfants étrangers originaires de dix pays en 1980, on passe à 2 227 pour 28 pays en 1986. Cette logique de résultat pousse pourtant certains acteurs de la chaîne à agir à la limite ou hors du cadre éthique.

En matière d'adoption internationale, les règles juridiques sont peu établies et floues.

Ainsi, dans des pays déshérités, la demande occidentale crée « une offre » qui n'est pas toujours contrôlée et entraîne des pratiques illicites : des actes non conformes aux normes juridiques en vigueur dans les pays d'origine ou d'accueil, ainsi que tout acte portant atteinte aux droits humains des enfants, des parents biologiques ou adoptants. Citons les consentements à l'adoption qui ne sont pas tous librement émis par des mères de naissance ; des enfants volés à leurs familles ; ou des intermédiaires véreux qui trompent ●●●

●●● à la fois les familles biologiques et les familles adoptantes ; ou encore, au Brésil, des adoptantes qui déclarent dans un consulat de France avoir accouché de « leur » enfant, alors qu'il s'agit d'un enfant d'une autre mère, brésilienne. Des familles adoptantes croyant respecter toutes les étapes de la procédure peuvent également être victimes de délits ou de crimes qu'elles ignoraient. Insistons sur le fait que, sur les 120 000 adoptions internationales réalisées depuis quatre-vingts ans, la majorité a été, sans doute, heureusement réalisée dans les règles.

Le tournant de la régulation internationale

Au début des années 90, l'écosystème change. Plusieurs éléments conjugués provoquent un brutal changement d'échelle. Le nombre des pays d'origine des enfants adoptés en France augmente néanmoins encore, d'une trentaine dans les années 80, il passe à 45 en 1991. Cela s'accentue avec l'arrivée des pays d'Europe de l'Est et de ceux issus du démembrement de l'URSS, mais aussi par l'ouverture de beaucoup de pays africains. En 1993, les enfants étrangers arrivant en France pour y être adoptés venaient de 62 pays.

Dans le cadre international de la protection des enfants, la réflexion aboutit à la Convention internationale des droits de l'enfant (CIDE), adoptée par l'ONU le 20 novembre 1989. Elle affirme, entre autres, des droits de protection et d'émancipation et le caractère subsidiaire de l'adoption internationale : elle ne devra être envisagée que lorsque toutes les autres options de prise en charge d'un enfant dans son pays d'origine auront été étudiées. Mais dès 1990, le cas roumain montre la difficile application de ces principes. Au lendemain de la révolution de décembre 1989, les frontières du pays se sont largement ouvertes. En dix-huit mois, environ 7 000 enfants roumains partent pour l'étranger. La France accueille un millier d'entre eux. Les orphelinats sont pris d'assaut, mais le nombre d'enfants adoptables se révèle insuffisant. Les règles du marché s'instaurent, avec de nombreuses déviances.

En 1993, les enfants étrangers arrivant en France pour y être adoptés venaient de 62 pays.

Une étape majeure est franchie en 1993 lorsque la Convention sur la protection des enfants et la coopération en matière d'adoption internationale, établie à La Haye, consacre le principe de subsidiarité et fixe des normes à respecter dans le meilleur intérêt de l'enfant. Dès la fin des années 90 et surtout dans les années 2000, sa mise en œuvre se traduit alors par la fermeture de certains pays à l'adoption et une restriction du nombre des adoptions au niveau international. La France la signe le 5 avril 1995 et la ratifie le 1er octobre 1998. Le système français doit alors s'adapter, avec notamment la création d'une autorité centrale de régulation, la Mission pour l'adoption internationale (MAI), et de l'Agence française de l'adoption (AFA), dépendante de l'État comme intermédiaire, aux côtés des associations reconnues comme des organismes agréés pour l'adoption (OAA). Pourtant à cette époque, 60 % des candidats à l'adoption, lassés par les délais d'attente annoncés par les OAA et l'AFA, s'engagent encore dans

NOMBRE DE VISAS DÉLIVRÉS À DES ENFANTS ÉTRANGERS ENTRANT EN FRANCE EN VUE D'UNE ADOPTION

SOURCE : MINISTÈRE DE L'EUROPE ET DES AFFAIRES ÉTRANGÈRES

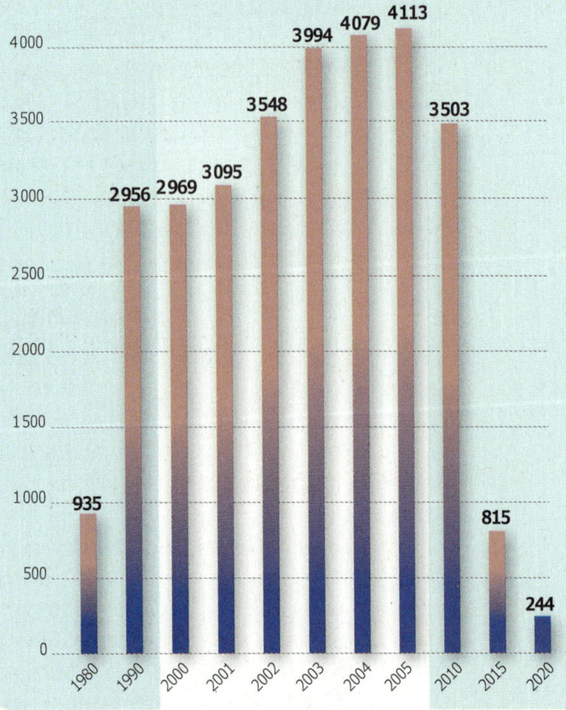

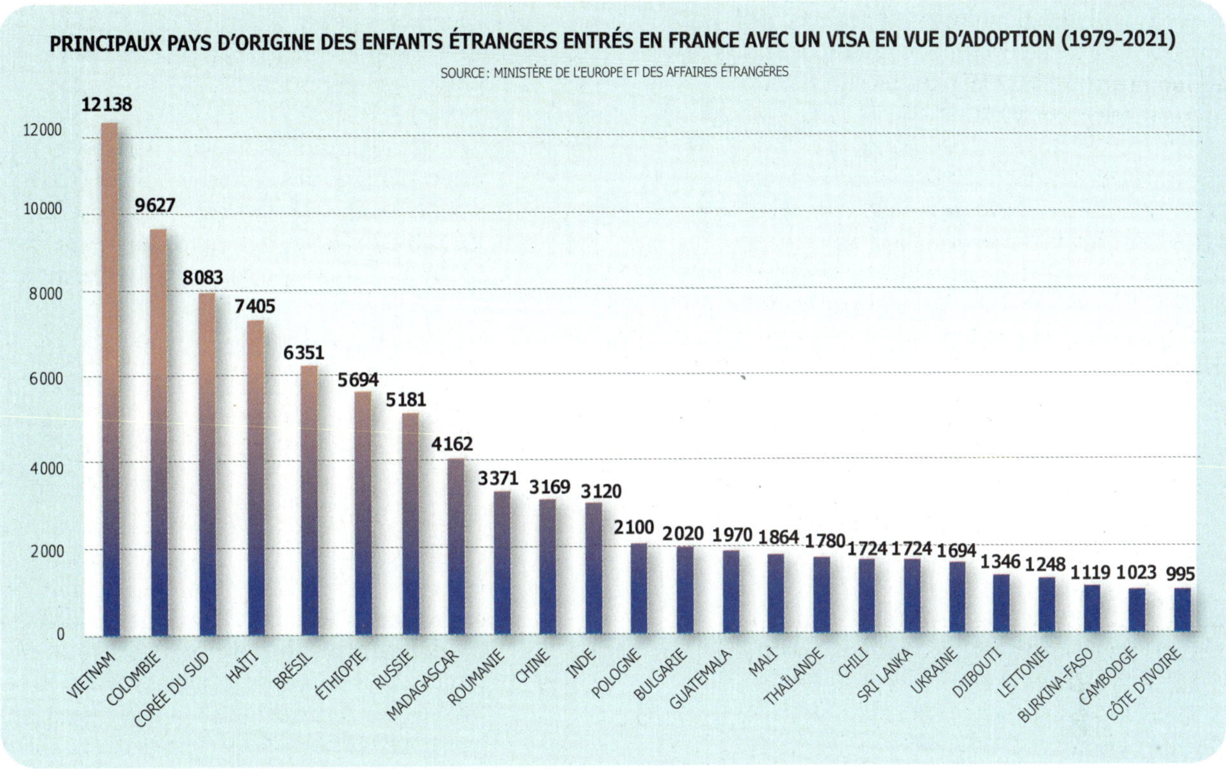

des démarches individuelles, davantage sujettes aux risques de pratiques illicites. Il faudra attendre 2022 pour que la loi française l'interdise, comme le recommandait depuis 1993 la CLH.

La question des origines, l'enjeu d'aujourd'hui

Parallèlement à la mise en place progressive des principes de la CLH – que tous les pays concernés n'ont pas entérinée – des enfants adoptés dans les années 70 ont commencé à témoigner et se sont organisés en associations. Entre 2010 et 2020, c'est en recherchant leurs origines que certains ont découvert des irrégularités dans le processus de leur adoption. C'est à leur demande, relayée par des enquêtes journalistiques, que plusieurs États ont mis en place des commissions d'enquête pour faire la lumière sur le passé parfois trouble de l'adoption internationale. Ces récentes études réalisées aux quatre coins du monde – Chili, Guatemala, Mali, Sri Lanka, Corée du Sud, Suisse, Pays-Bas, Danemark, Belgique, France... – montrent que s'il est impossible de chiffrer ces pratiques illicites, elles ont été nombreuses, ont duré longtemps et que la question des responsabilités se pose encore.

Ces travaux insistent tous sur la nécessité d'accompagner les personnes adoptées. En France, un rapport d'inspection interministérielle rendu public en mars 2024 préconise l'instauration d'un service public d'aide à la recherche des origines pour les personnes adoptées à l'étranger. Si le Conseil national d'accès aux origines personnelles (CNAOP), créé en 2022, ne s'adresse qu'aux personnes nées sous le secret en France, c'est un projet qui permettrait aux personnes adoptées à l'étranger de reconstituer leurs histoires personnelles et de faire valoir leur droit à connaître leurs origines. ■

*Yves Denéchère et Fabio Macedo sont les auteurs de l'*Étude historique sur les pratiques illicites dans l'adoption internationale en France, 2023.* https://univ-angers.hal.science/hal-03972497v1

POUR ALLER PLUS LOIN

- Yves Denéchère, *Des enfants venus de loin. Histoire de l'adoption internationale en France,* Paris, Armand Colin, 2011.
- Fabio Macedo, Jean-François Mignot, Isabelle Robin (coordination), « Histoire de l'adoption (XVIe - XXIe siècles). Droits, pratiques et acteurs », *Annales de démographie historique,* 141, 1, 2021.

Adoption nationale DES ADOPTÉS POUR LA PLUPART... ADULTES !

Depuis les années 70, l'adoption d'enfants abandonnés ou orphelins s'est raréfiée.

PAR **JEAN-FRANÇOIS MIGNOT,** DÉMOGRAPHE AU GROUPE D'ÉTUDE DES MÉTHODES DE L'ANALYSE SOCIOLOGIQUE DE LA SORBONNE (CNRS/SORBONNE UNIVERSITÉ), AUTEUR*

LA LOI DU 21 FÉVRIER 2022 visant à réformer l'adoption est la dernière d'une longue série de lois portant sur cette pratique, depuis l'introduction de l'adoption dans le code civil (1804). En l'occurrence, cette loi destinée à faciliter l'adoption l'ouvre aux couples non-mariés, abaisse l'âge minimal du ou des adoptants de 28 à 26 ans, et allonge le congé d'adoption. L'une de ces incessantes retouches du droit français en ce domaine est aussi le signe d'une évolution profonde des pratiques en France.

Depuis les années 2000 en France, on compte environ 13 000 adoptions par an. Comparées aux 700 000 à 800 000 naissances annuelles, c'est très peu. On l'a vu (voir page 35), l'adoption internationale est en voie de disparition, puisque que l'on est passé de 4 000 enfants environ en 2005, à 176 en 2023. En France, la pratique de loin la plus fréquente est l'adoption nationale intrafamiliale, puisqu'elle représente 90 % des cas en 2018 (source : ministère de la Justice, Belmokhtar 2020). Concrètement, environ les deux tiers des adoptés chaque année en France sont adoptés par leur beau-père... alors qu'ils sont majeurs ! Le cas type est l'adoption de beaux-enfants d'une trentaine d'années, par un beau-père sans enfant d'une soixantaine d'années, qui a contribué à les élever lorsqu'ils étaient mineurs et qui les adopte pour leur transmettre son patrimoine (toute personne, y compris majeure, est adoptable en adoption simple par celui ou celle qui l'a élevée dans son enfance) – notamment pour leur transmettre le logement dans lequel ils ont tous vécu en famille recomposée.

À ces adoptions de beaux-enfants majeurs, à but successoral, s'ajoutent depuis le « mariage pour tous » (2013) des adoptions de beaux-enfants mineurs au sein des couples (mariés) de personnes de même sexe. Le cas type est l'adoption de beaux-enfants mineurs, par une belle-mère – l'épouse de leur mère – d'une quarantaine d'années, qui contribue activement à les élever et qui les adopte pour obtenir à son tour le statut de mère.

Peu d'enfants adoptables en raison de leurs besoins spécifiques

Deuxième forme d'adoption nationale, le modèle extrafamilial qui concerne des mineurs abandonnés ou orphelins. Cette

CE QU'EST **L'ADOPTION**

▶ L'adoption est un acte juridique qui crée un lien de filiation entre, d'une part, un individu ou un couple majeur et, d'autre part, un individu mineur ou majeur, mais plus jeune. L'adoption de mineur place l'adopté sous l'autorité parentale de l'adoptant, et plus généralement – mineur ou majeur – l'adopté prend le nom de famille de l'adoptant et devient son héritier. Il existe l'adoption « simple », de majeur (depuis 1804) ou de mineur (depuis 1923), qui permet à l'adopté de conserver sa ou ses filiations d'origine en y ajoutant la nouvelle filiation avec son ou ses parents adoptifs ; et une adoption « plénière », de mineur seulement, où la filiation adoptive se substitue à la filiation d'origine (depuis 1939).■

pratique concerne moins de 10 % des adoptions et soulève des débats. Depuis les années 90, seulement 500 à 1 000 adoptions de « pupilles de l'État » ont lieu par an, les pupilles de l'État étant les seuls mineurs de l'Aide sociale à l'enfance adoptables. Ce statut repose sur une « absence de filiation » (c'est-à-dire une naissance sous le secret, dite sous X) ou sur une « déclaration judiciaire d'abandon / de délaissement parental », loin devant les autres motifs d'admission (orphelins, enfants remis par un parent ou une personne qualifiée). Ces pupilles, aux alentours de 30 000 dans les années 70, ont vu leur nombre baisser jusqu'aux alentours de 3 000 depuis les années 90. La chute s'explique par l'accès à la contraception et à l'interruption volontaire de grossesse qui ont réduit, dans les années 70, le nombre d'enfants abandonnés. La hausse de l'espérance de vie a aussi contribué à réduire le risque d'orphelinage, tandis que l'essor du niveau de vie a aidé à diminuer le délaissement parental.

Les trois quarts des pupilles de l'État ne sont juridiquement pas adoptables.

Mais tous les pupilles de l'État ne sont pas « adoptables ». Ainsi, au 31 décembre 2021, sur un total de 3 965 pupilles (dont 54 % de garçons), trois quarts d'entre eux n'étaient juridiquement pas adoptables. Cela s'explique principalement parce qu'ils sont qualifiés « d'enfants à besoins spécifiques » (EBS), qui peuvent être variés : en raison soit de leur âge (plus de 5 ans), de leur état de santé ou d'un handicap, ou encore parce qu'ils ne peuvent être séparés de leur fratrie. Les enfants adoptables sont en moyenne plus jeunes que les autres (3,8 ans contre 10,9 ans, selon le rapport de l'Observatoire national de la protection de l'enfance). Depuis 2015, la proportion des pupilles placés en vue d'adoption diminue. En 2021, elle était de 23%, soit 913 pupilles de l'État qui ont quitté ce statut à la suite d'un jugement d'adoption.

Les débats de l'adoption se heurtent aux données empiriques

Dans ce contexte, les multiples acteurs de l'adoption en France s'interrogent : faudrait-il faciliter l'adoptabilité des enfants maltraités dans leur cellule familiale ? D'autres pays occidentaux comme le Royaume-Uni, la Suède ou le Québec proposent à l'adoption plus d'enfants délaissés ou maltraités et adoptent deux à cinq fois plus de mineurs (proportionnellement à leur population). Pour certains pupilles de l'État, il apparaît préférable aux travailleurs sociaux de les maintenir dans leur famille d'accueil dans laquelle ils se sentent bien, plutôt que de les placer pour adoption. ●●●

▸ ENTRETIEN AVEC **DANY BOYER**

VICE-PRÉSIDENTE EN CHARGE DE LA PROTECTION DE L'ENFANCE DU CONSEIL DÉPARTEMENTAL DE L'ESSONNE (91), ET MEMBRE DU CONSEIL DES FAMILLES.

PROPOS RECUEILLIS PAR **LUCIE JUBIN**

Quelle est la mission du conseil des familles ?

Le rôle du conseil des familles est d'assurer un suivi au cas par cas pour les 3 000 et quelques enfants dont le département a la charge, en conduisant des bilans d'étape. Ce garçon a-t-il accès au suivi médical nécessaire ? Cette fille peut-elle voir son grand frère comme elle le demande ? Le conseil s'assure que les enfants vont bien et guide leur orientation au fil des ans. Il reçoit chaque enfant pour un bilan annuel en profondeur.

Quels sont les enfants qui entrent dans un processus d'adoption ?

De manière générale, les bébés nés sous X sont immédiatement pris en charge par le département qui les introduit très rapidement dans le processus d'adoption. En 2023, le département a accueilli 12 pupilles nés sous le secret (8 ont été adoptés dans l'année). Des enfants pris en charge par l'ASE (Aide sociale à l'enfance) et placés en familles d'accueil peuvent aussi émettre le souhait d'entrer dans un processus d'adoption. C'est notamment le cas lorsque l'enfant se sent particulièrement bien dans sa famille d'accueil. Le conseil des familles évalue ce désir et accompagne l'enfant dans ce projet. Les professionnels cherchent surtout la stabilité, tant chez l'enfant que dans son environnement. Enfin, troisième cas de figure, le conseil peut estimer que l'adoption serait une bonne option pour l'enfant avant qu'il n'en ait eu l'idée. Dans ce cas, les psychologues et professionnels introduisent doucement l'idée dans l'esprit de l'enfant qui prend son temps pour y réfléchir et se préparer au processus.

Observez-vous des évolutions autour de l'adoption à l'échelle de votre département ?

Il y a quelques mois, nous devions choisir des parents adoptifs pour une petite fille. Parmi les trois couples candidats, l'un d'eux était composé de deux pères. Je suis particulièrement fière du fait qu'en Essonne, l'homosexualité de ces parents candidats n'ait même pas été un sujet de discussion. Nous leur avons confié la petite fille que je vois grandir et s'épanouir d'année en année ! ■

●●● En outre, certains pupilles ont des profils plus difficiles pour les candidats à l'adoption : c'est notamment le cas si, relativement âgés, ils ont peut-être moins de chances de s'adapter, s'intégrer et s'attacher à leur nouvelle famille. Or depuis au moins les années 2000, entre un tiers et la moitié des pupilles de l'État sont des EBS (Enfant à besoin spécifique). Cette question éminemment complexe de l'évolution de l'adoptabilité en faveur des enfants maltraités ne peut être tranchée aujourd'hui devant l'absence de données empiriques disponibles.

> **Des acteurs de l'adoption s'interrogent : faudrait-il faciliter l'adoptabilité des enfants maltraités ?**

L'autre enjeu concerne l'accès aux origines personnelles. Faut-il le faciliter ? En France, deux types d'adoptés pléniers ont du mal à accéder à des informations sur leurs origines : les mineurs nés avec une filiation puis abandonnés, retirés ou orphelins (leur acte de naissance originaire comportait des informations sur leurs parents de naissance, mais il a été annulé et est inaccessible par l'adoption plénière) ; les mineurs nés sous X, ils n'ont jamais eu d'acte de naissance comportant des informations sur leurs parents de naissance. Depuis une loi de 2002, ils peuvent demander à accéder à des informations non identifiantes sur leurs origines (antécédents médicaux, contexte de l'abandon), voire à des informations identifiantes, et les obtenir si elles sont disponibles et que le parent d'origine consent à la levée du secret de son identité ou est décédé. Un autre débat concerne l'autorisation des adoptions « ouvertes », ces adoptions plénières dans lesquelles l'adopté peut, dès sa minorité, échanger avec sa famille d'origine des informations identifiantes, voire la rencontrer. ■

* Jean-François Mignot est auteur de l'ouvrage *L'Adoption* (La Découverte, 2017).

Femmes de tête

Elles viennent d'accéder au pouvoir ou elles le briguent et sont au centre de l'actualité de leur pays.

PAR **LUCIE JUBIN**

MARÍA CORINA MACHADO

CHEFFE DE L'OPPOSITION AU VENEZUELA

María Corina Machado, cheffe de l'opposition au président Maduro au Venezuela, n'a finalement pas pu se présenter aux élections de juillet 2024. En effet, cette figure de la droite conservatrice, âgée de 57 ans, engagée depuis vingt ans contre Chávez, puis Maduro, avait gagné les primaires en 2023, devenant la grande favorite pour l'élection présidentielle… et gênante pour le pouvoir. Quelques mois plus tard, le Tribunal supérieur de la justice la déclarait inéligible et interdite de fonction publique pour quinze ans, pour cause « d'irrégularités administratives ». Edmundo González Urrutia a pris la relève, et Machado a fait campagne pour lui malgré les nombreux obstacles. Vivant cachée, elle continue d'alimenter l'opposition et dit avoir « peur pour sa vie ».

María Corina Machado proteste contre la réélection de Maduro, le 28 août 2024, à Caracas. CRISTIAN HERNANDEZ/AP/SIPA

Salomé Nino Zourabichvili à Paris. ERIC DESSONS/JDD/SIPA

▶ SALOMÉ NINO ZOURABICHVILI

Présidente de la Géorgie

Cette franco-géorgienne de 72 ans a été élue présidente de Géorgie en 2018, devenant la première femme à ce poste. Ses fonctions sont limitées par rapport à celles du Premier ministre. Ancienne diplomate, elle a souhaité donner une orientation pro-européenne à son pays. Contre le gouvernement, elle a soutenu, en mai dernier, les manifestants opposés à un projet de loi sur « l'influence étrangère ». Son mandat arrive à sa fin et l'issue des élections parlementaires le 26 octobre prochain déterminera son avenir à la tête du pays.

Kamala Harris à la convention du parti démocrate, le 22 août 2024. JACQUELYN MARTIN/AP/SIPA

Kaja Kallas, à Tallin, le 7 mars 2024. STANISLAV MOSKOW/SIPA

▶ KAJA KALLAS

Ex-Première ministre d'Estonie, nouvelle vice-présidente de la Commission européenne

Le 23 juillet dernier, la Première ministre estonienne de centre-droit, Kaja Kallas, âgée de 47 ans, a démissionné de ses fonctions pour accepter la vice-présidence de la Commission européenne. Elle sera la « représentante de l'Union pour les affaires étrangères et la politique de sécurité », c'est-à-dire la cheffe de la diplomatie à Bruxelles, au côté de la présidente de la Commission, Ursula von der Leyen. Eurodéputée entre 2014 et 2018, Kaja Kallas s'était fait remarquer pour son soutien indéfectible à l'Ukraine et ses appels pour le réarmement en Europe, allant jusqu'à défendre l'idée d'un emprunt financier pour le réarmement de l'Union européenne et de l'Ukraine.

▶ KAMALA HARRIS

CANDIDATE DÉMOCRATE À L'ÉLECTION AMÉRICAINE

Officiellement désignée comme candidate démocrate lors de la convention du parti à Chicago du 19 au 22 août 2024, en remplacement de Joe Biden qui avait entamé la campagne, elle saura le 5 novembre 2024 si elle devient la première femme, afro-américaine qui plus est, à occuper le bureau ovale. Née il y a soixante ans à Oakland (Californie) d'un père jamaïcain et d'une mère indienne, Kamala Harris a grandi dans un foyer de gauche, libertaire et progressiste. Dès l'enfance, elle s'immerge dans le berceau contestataire qu'est l'université de Berkeley et s'engage pour la défense des droits civiques. Procureure de San Francisco (2004-2011), procureure générale de Californie (2011-2017), puis sénatrice (2015-2020), elle devient vice-présidente de Joe Biden en janvier 2021.

Claudia Sheinbaum à Mexico, le 15 août 2024. OCTAVIO NAVA/PI VIA ZUMA PRESS W/SIPA

▶ CLAUDIA SHEINBAUM

PRÉSIDENTE DU MEXIQUE

Le 1er octobre 2024, Claudia Scheinbaum a été investie présidente du Mexique, première femme à accéder à cette fonction dans le pays. Cette climatologue de 62 ans, spécialisée dans l'efficacité énergétique, s'est engagée localement à Mexico en 2000. En 2018, elle en devient maire. Pendant son mandat, elle parvient à diviser par deux le taux d'homicides dans la capitale. Élue à la tête du pays, elle a pour priorités la lutte contre la criminalité, contre les violences faites aux femmes et contre le réchauffement climatique. Elle fait partie d'une coalition qui regroupe les travaillistes, les écologistes et le Mouvement de régénération nationale qui représente vingt-quatre des trente-deux États du Mexique au Parlement.

Maia Sandu lors d'un sommet européen, le 18 juillet 2024. VICTORIA JONES/SHUTTERSTOCK/SIPA

▶ MAIA SANDU

PRÉSIDENTE DE MOLDAVIE, CANDIDATE À SA RÉÉLECTION.

Le 20 octobre, Maia Sandu joue sa réélection à la présidence de la Moldavie. Ce même jour, la dirigeante de 52 ans, membre du Parti action et solidarité, pro-européen, invitera les électeurs à s'exprimer par référendum sur l'adhésion de la Moldavie à l'Union européenne. Pour les 2,6 millions d'habitants de ce pays, partagés entre l'Union européenne et la sphère d'influence de la Russie, la question n'est pas si aisée. Pourtant, depuis l'invasion de l'Ukraine, Maia Sandu explique que les pressions exercées par la Russie sont de plus en plus importantes et menacent la candidature d'adhésion de la Moldavie. Le deuxième tour de l'élection présidentielle aura lieu le 3 novembre.

▶ VICTOIRE TOMEGAH DOGBÉ

PREMIÈRE MINISTRE DU TOGO

Première femme à devenir Première ministre du Togo en 2020, Victoire Tomegah Dogbé, âgée de 64 ans, a été confirmée dans ses fonctions à l'été 2024 par le président du Conseil des ministres, Faure Gnassingbé. Le pays a évolué d'un régime présidentiel à un régime parlementaire dans le cadre d'une nouvelle constitution, promulguée le 6 mai 2024. Le 20 août 2024, Victoire Tomegah Dogbé a formé son nouveau gouvernement.

Visite de Victoire Tomegah-Dogbé, à la Commission européenne, en 2023. CHRISTOPHE LICOPPE

Judith Suminwa Tuluka nommée Première ministre le 1er avril 2024. PRÉSIDENCE RDC

▶ JUDITH SUMINWA TULUKA

PREMIÈRE MINISTRE DE RDC

Pour la première fois, le gouvernement de la République Démocratique du Congo est dirigé par une femme. Nommée le 1er avril par le président Felix Tshisekedi, Judith Suminwa Tuluka, 56 ans, a pris ses fonctions le 12 juin 2024. L'un des principaux défis de la nouvelle Première ministre sera d'œuvrer à un apaisement des relations avec le Congo (pays frontalier à l'Est). Autres objectifs sur la feuille de route de la cheffe de gouvernement : diversifier l'économie trop dépendante du secteur minier et améliorer la fourniture en eau potable et en électricité.

On estime à plus de 400 000 les nouveaux cas de cancers en France en 2023. Pourtant, nombre d'entre eux pourraient être évités.

PAR **LUCIE JUBIN**

POUR SAUVER DES VIES, TROIS PARCOURS À SUIVRE

EN FRANCE, le nombre de cancers déclarés a doublé depuis 1990. Si ce chiffre s'explique notamment par l'accroissement et le vieillissement de la population, les experts remarquent aussi que les jeunes sont de moins en moins épargnés par ce fléau (+79 % de cancers chez les moins de 50 ans d'après une étude internationale publiée dans la revue *BMJ Oncology*). Or, il existe en France trois programmes de « dépistage organisé » pour détecter les cancers du sein, du col de l'utérus, et du colon-rectum. Ces programmes offrent la possibilité de se faire tester gratuitement contre des maladies qui, diagnostiquées tôt, ont de grandes chances d'être combattues.

Pourtant, depuis quelques années, les taux de participation à ces programmes de dépistage stagnent, voire baissent. Zoom sur les grands chiffres de la bataille contre le cancer.

LE CANCER DU SEIN

Plus de **900 000 malades**

61 214 nouveaux cas (2023)

12 100 victimes (2018)

PROGRAMME DE DÉPISTAGE DEPUIS 2004
Cible : femmes de 50 à 74 ans,
47,7 % de participation en 2021-2022
(2,6 millions de mammographies)

LE PARCOURS DE DÉPISTAGE

(TOUS LES 2 ANS)

ÉTAPE 1 Invitation par la CPAM ou compte AMELI, ou sur demande au médecin

ÉTAPE 2 Mammographie, prise en charge à 100 % par la Sécu, sans avance de frais

ÉTAPE 3 Résultats immédiats

ÉTAPE 4 Anomalies dans 9 % des cas

ÉTAPE 5 Examens complémentaires : Cancer diagnostiqué dans 7 % de ces examens

LES EFFETS DU DÉPISTAGE PRÉCOCE

99 femmes sur 100 sont en vie **5 ans** après un diagnostic précoce

Sources : Santé publique France, Institut national du cancer, Ameli.fr, Le Point, Organisation européenne du cancer.

LE CANCER DU COL DE L'UTÉRUS

11 000 personnes diagnostiquées depuis 5 ans

3 159 nouveaux cas (en 2023)

1 117 victimes

PROGRAMME DE DÉPISTAGE DEPUIS 2018

Cible : femmes de 25 à 65 ans, (17,8 millions)

59,5 % de participation en 2020 -2022

LE PARCOURS DE DÉPISTAGE

(tous les 3 ans, et 5 ans pour les 30/65 ans)

ÉTAPE 1
Invitation par la CPAM ou sur le compte AMELI, ou sur demande au médecin

ÉTAPE 2
Frottis du col de l'utérus (Chez un gynécologue, médecin généraliste, sage-femme, laboratoire de biologie médicale)

ÉTAPE 3
Résultats via courrier ou médecin

ÉTAPE 4
Anomalie dans 2,4 % des cas

ÉTAPE 5
Examens complémentaires : Cancer diagnostiqué dans 1,6 % de ces examens

LES EFFETS DU DÉPISTAGE PRÉCOCE

90 % des cancers du col de l'utérus pourraient être évités.

LE CANCER DU COLON

152 000 personnes diagnostiquées depuis 5 ans

47 582 nouveaux cas (en 2023 ; +55 % depuis 1990)

PROGRAMME DE DÉPISTAGE DEPUIS 2008

Cible : hommes et femmes de 50 à 74 ans (20,8 millions)

34,3% de participation en 2021-2022

17 100 victimes en 2018

LE PARCOURS DE DÉPISTAGE

(TOUS LES 2 ANS)

ÉTAPE 1
Invitation par la CPAM ou sur le compte AMELI, ou sur demande au médecin

ÉTAPE 2
- Commande d'un kit de dépistage sur le site monkit.depistage-colorectal.fr
- Réalisation du test à la maison
- Renvoi par la poste sans frais

ÉTAPE 3
Réception du résultat par SMS 3 jours plus tard ou par la poste 2 semaines plus tard

ÉTAPE 4
Anomalie dans 4 % des cas

ÉTAPE 5
Examens complémentaires : Cancer diagnostiqué dans 30 % de ces examens

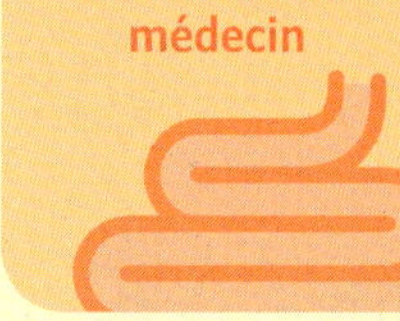

LES EFFETS DU DÉPISTAGE PRÉCOCE

90 personnes sur 100 sont en vie 5 ans après un diagnostic précoce.

▶ Et le cancer du poumon ?
Première cause de décès par cancer en France, le cancer du poumon n'a pas de symptômes spécifiques. Dans près de 50 % des cas, le diagnostic est posé quand la maladie est déjà à un stade IV, ce qui explique un taux de survie à 5 ans de 17 %. Pour la déceler et la combattre précocement, un programme pilote de dépistage organisé sous forme de scanner thoracique faible dose est en cours. ■

« L'effet d'aveuglement de l'actualité ne permet pas de penser. »

Fabrice Midal, à son domicile. ROBERTO FRANKENBERG/FLAMMARION

Fabrice Midal

Le philosophe et fondateur de l'école de méditation Réso conseille de prendre du recul par rapport à l'information-spectacle pour mieux aborder la complexité du monde et de l'humain. Face aux opinions préconçues, il défend le doute et la nuance.

PROPOS RECUEILLIS PAR **STÉPHANIE CONDIS**, JOURNALISTE

FABRICE MIDAL nourrit ses réflexions et analyses de philosophie, sciences humaines, neurosciences et méditation, qu'il pratique depuis plus de vingt-cinq ans et enseigne. Il entend montrer à un large public comment transformer son existence pour mieux vivre, grâce aux cours qu'il dispense, *via* son podcast *Dialogues* et par les best-sellers qu'il écrit : comme *La Théorie du bourgeon**, une philosophie anti-découragement, son dernier livre, paru cette année, *Le Guide du bonheur imparfait* (2023), *Comment rester serein quand tout s'effondre ?* (2020) ou *3 minutes de philosophie pour redevenir humain* (2019).

Comment percevez-vous le flux continu de l'actualité auquel nous sommes confrontés ?

En tant que philosophe, je considère que ce que l'on appelle information n'est, le plus souvent, que du divertissement au sens pascalien du terme : les êtres humains passent leur vie à se divertir, à se fuir, puisqu'ils ne sont pas capables de rester avec eux-mêmes. Tel est le sens de la célèbre citation de Blaise Pascal : « Tout le malheur des hommes vient d'une seule chose, qui est de ne savoir pas demeurer en repos dans une chambre. » Ce philosophe propose d'habiter l'énigme de notre existence, car le divertissement est un leurre : il ne permet pas véritablement de nous divertir, puisque nous ne pouvons pas fuir notre condition de mortels, ni le fait d'être touchés par la souffrance du monde.

En quoi l'*infotainment*, l'information-divertissement, est un leurre ?

L'information-spectacle ne permet pas de s'informer, ni de mener un travail de réflexion ou d'analyse parce qu'une information chasse l'autre, parce qu'elle ne va pas au fond des choses. Par conséquent, plus je pense m'informer, plus en réalité je me divertis, et moins j'ai la capacité de penser et de m'engager. Et puis, il y a beaucoup d'affects dans le divertissement et cela provoque des émotions, notamment la peur, qui nous empêchent de réfléchir. D'autant que les biais cognitifs, qui existent naturellement chez l'humain, sont renforcés par les algorithmes des réseaux sociaux et accentuent ces émotions le plus souvent négatives. Se tenir informé en permanence est une •••

●●● irresponsabilité politique ! L'effet d'aveuglement de l'actualité ne permet pas de penser, ni de comprendre. L'information constate juste ce qu'il se passe à un instant T : c'est bien trop court, il faut revenir au temps long.

Que voulez-vous dire ?

C'est souvent en lisant attentivement un travail construit que s'éclaire la souffrance réelle des gens. Par exemple, pour moi, cela a été la lecture de *La France en face*, écrit par la journaliste Anne Nivat (Fayard, 2022). Aucune enquête et aucun discours ne m'avait permis de faire l'épreuve de la souffrance des Français. Lire cet ouvrage m'a aidé à penser en tant que citoyen, à avoir de la sollicitude. Alors que l'information continue ne nous ébranle pas assez pour nous ouvrir à une vraie compassion. Au contraire, elle nous désensibilise. Cela devient un cercle sans fin : il faut que ce soit toujours plus terrible et glauque pour obtenir un effet. Cette forme de divertissement industrialisé et mécanique nous sape le moral, nous coupe de nos forces, de nos ressources et de la vie.

Que faire alors ?

C'est le sujet de mon dernier livre *La Théorie du bourgeon*[1], une philosophie anti-découragement : nous avons un rapport dévitalisé et déshumanisé à nous-mêmes, aux autres et au réel. Je défends donc la diversion, qui est à l'opposé du divertissement. Selon Montaigne, elle consiste à faire un pas de côté quand on est coincé face à un problème ou englué dans un chagrin : il ne s'agit pas de fuir ou de nier la douleur, mais de ne plus être aveuglé par la situation. Cela amène à s'interroger : qu'est-ce que je peux faire qui va me rendre plus vivant ? Comment nourrir ma vie ?

Le citoyen n'a-t-il pas le devoir de rester informé ?

C'est une injonction qui reflète le degré zéro de la pensée. En effet, que veut réellement dire être informé ? Le seul devoir que nous ayons est de rester humain. D'où l'importance du savoir réel passant par un investissement plus long que l'information-divertissement qui nous aveugle sur l'instant. Ce n'est pas une question de morale, mais de bon sens. Est-ce que cela m'aide d'être connecté au flux continu de l'actualité, sans me souvenir des informations de la veille ?

Mais comment dire stop ?

Ça vaut vraiment la peine de faire l'exercice suivant : se tenir dix jours sans avoir la moindre idée de ce qui se passe dans le monde. J'ai déjà vécu cette expérience salutaire comme hygiène mentale. Elle permet aussi de préserver sa liberté, au sens où l'entend Michel Foucault. Sa grande idée consiste à apprendre à être plus libre : c'est ce que signifie exister, selon lui. Pour cela, il faut éclaircir le rapport de soi à soi. Être le plus au clair sur ce que je suis m'aide à voir les mécanismes d'emprisonnement au quotidien.

Je défends la diversion, qui est l'opposé du divertissement. Elle consiste à faire un pas de côté.

Par conséquent, mettre un terme au flux de l'actualité, c'est se retrouver. Et retrouver les conditions de sa liberté authentique. Je propose un complet renversement : je suis d'autant plus libre que je me libère de l'actualité et non que je m'y soumets.

Quelles alternatives existent à la consommation de l'information ?

Cela dépend de chacun. Certains se tournent vers la philosophie, la sociologie, les livres d'histoire ou encore la musique. D'autres cherchent à être seuls, à marcher dans la nature. Tout cela peut mener à un changement de posture et peut ouvrir le champ de nos réflexions habituelles. Sans se figer dans un dogmatisme qui consiste à avoir une opinion, sans jamais vraiment mener une réflexion approfondie !

Pour prendre le cas des conflits dans le monde, il faut savoir sortir de l'actualité, des polémiques et lire des livres d'histoire, par exemple. Parce que le temps de la compréhension passe par l'art de la nuance. Tandis que l'information défait la nuance.

Vous êtes très critique vis-à-vis de la novlangue des médias...

Être philosophe, c'est avoir la conviction que la langue nous précède, qu'elle est centrale,

ADOBE STOCK

que nous devons l'écouter. Le philologue allemand Victor Klemperer a montré que le nazisme avait inventé une langue qui empêchait de penser la barbarie et l'effroi. Si nous n'arrivons pas à nommer les choses, nous n'arrivons pas à les voir.

Aujourd'hui, l'appauvrissement de la langue tient pour une grande part aux soi-disant « experts » parce qu'eux savent, ou plutôt croient savoir. Bien sûr, certains spécialistes peuvent partager des connaissances précieuses, mais si et seulement si leur humanité, leur engagement ne disparaissent pas derrière leur fonction. Tandis que la novlangue ne s'adresse pas à moi comme à l'être humain unique et singulier que je suis. La parole d'expert déshumanise et donne à chacun l'impression que « personne ne s'adresse à moi, je ne suis pas reconnu. » Or Axel Honneth, philosophe et sociologue allemand, estime qu'aucune société ne peut vivre si l'individu est sans reconnaissance. Il a bien évidemment raison !

Qu'opposez-vous à la vision des experts ?

À la prétendue objectivité de l'information et à la pseudo-universalité des experts, j'oppose le regard qui assume d'être celui d'un humain. Un témoignage subjectif comme celui d'Anne Nivat permet de sentir la sincérité de son auteur, de percevoir son point de vue et ainsi, de comprendre un récit. On peut être objectif sur des faits scientifiques, mais pas sur l'actualité. Cela ne veut pas dire qu'il n'y a pas de place pour la déontologie.

Que pensez-vous du fait de se sentir obligé d'avoir une opinion ?

C'est douloureux ! Il arrive que l'on ne sache pas, que l'on ne soit pas intéressé aussi... Ou bien que l'on n'ait rien à dire de pertinent sur certains sujets. Je trouve cela très sain... ■

* *La Théorie du bourgeon, une philosophie anti-découragement* de Fabrice Midal (Flammarion, 2024).

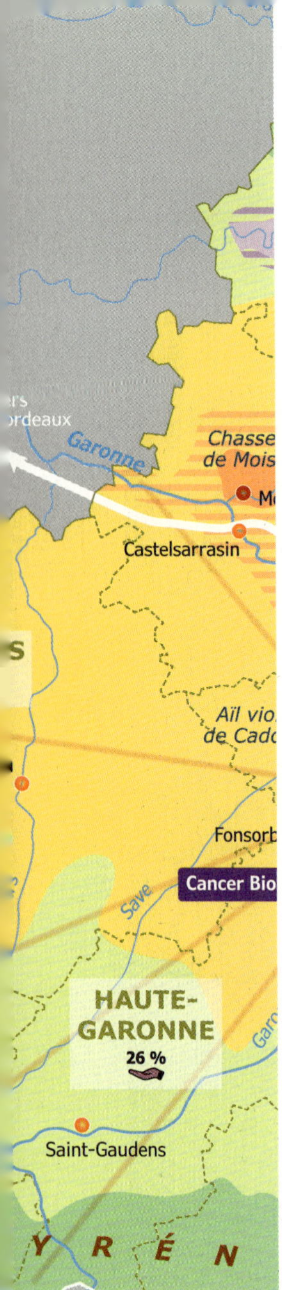

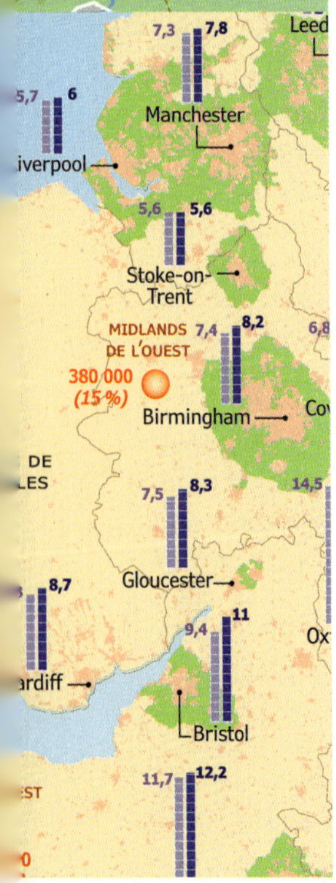

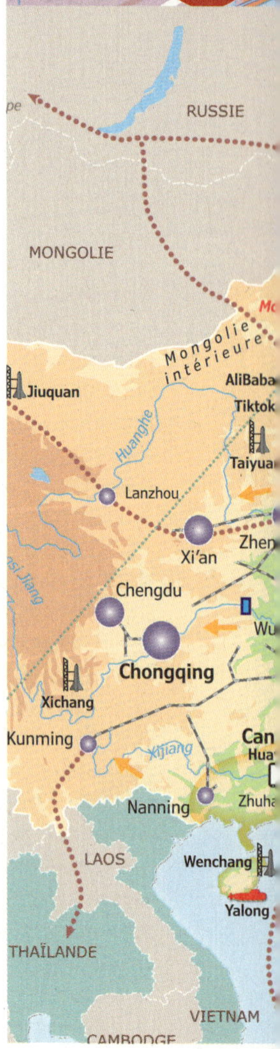

SOMMAIRE

ROYAUME-UNI

LOGEMENT ET IMMIGRATION : DEUX PRIORITÉS DU LABOUR AU POUVOIR

Le 4 juillet 2024, le parti travailliste de Keir Starmer a remporté les élections législatives après une campagne qui a pointé du doigt l'arrivée de 745 000 personnes étrangères en 2022, alors qu'il manque 4,3 millions de logements sur l'île. Depuis les années 50, le Royaume-Uni est le pays d'Europe qui investit le moins dans la construction de nouveaux logements. Quelles conséquences aujourd'hui ?

SOUDAN

UN CONFLIT MOYEN-ORIENTAL EN AFRIQUE

Depuis le 15 avril 2023, le pays est ravagé par la guerre civile. En cause : le chef des armées et la tête des Forces de soutien rapide (FSR), une milice locale, se disputent le pouvoir depuis la chute du dernier président. Cette guerre, qui mobilise toute l'économie et les ressources du pays, a des effets sur l'équilibre géopolitique de la région et a contraint 10 millions de Soudanais à l'exil.

CHINE

75 ANS D'UNE « ÉCONOMIE SOCIALISTE DE MARCHÉ »

À l'occasion du 75e anniversaire du Parti communiste chinois (PCC), le sinologue Emmanuel Lincot propose une analyse chiffrée et cartographiée de la deuxième puissance mondiale. Défis énergétiques, dynamisme militaire, coopérations technologique et industrielle avec le reste du monde, comment expliquer les paradoxes de cette « économie socialiste de marché » ?

OCCITANIE

UNE RÉGION DE RECORDS

Dans chacun de ses numéros, *Puzzle* cartographie une région de France. Cap d'abord sur l'Occitanie : première région agricole de France, première destination nationale des tournages de fictions, pôle universitaire majeur, cette région, aussi grande que l'Irlande, est portée par ses deux capitales, Toulouse et Montpellier.

Immigration et logement, les *deux priorités* du Royaume-Uni

Le parti travailliste de Keir Starmer vient de remporter les élections législatives. Les électeurs l'attendent sur de nombreux sujets, dont l'immigration et le logement.

PAR **TRISTAN DE BOURBON**, JOURNALISTE, À LONDRES
CARTES **ALLIX PIOT**

DÈS LE DÉBUT de la campagne de l'élection britannique du 4 juillet 2024, le chef du parti conservateur et alors Premier ministre Rishi Sunak avait lancé un appel aux électeurs : « Si vous pensez qu'il est important d'empêcher les bateaux de traverser la Manche, et si vous pensez, comme moi, qu'il faut un moyen de dissuader [les candidats au passage] pour y parvenir, je suis le seul à pouvoir le faire. » Depuis plus de deux ans, les conservateurs avaient fait de l'immigration l'un des thèmes décisifs d'affrontements idéologiques avec le parti travailliste, la principale formation d'opposition.

L'initiateur de la tendance se nomme Nigel Farage. Ancien homme fort du Parti pour l'indépendance du Royaume-Uni (Ukip), à la tête du Reform Party, il avait, en pleine pandémie, commencé à pester contre les visibles traversées de la Manche par canots pneumatiques, qui avaient remplacé les milliers d'entrées illégales jusqu'alors effectuées à l'arrière de camions. Pour parer cette menace politique, le Premier ministre Boris Johnson avait annoncé, le 14 avril 2022, la signature d'un accord avec le Rwanda pour l'accueil de demandeurs d'asile arrivés sans visa valable au Royaume-Uni après le 1er janvier 2022. Si le statut de réfugié leur était accordé, c'est au Rwanda qu'ils auraient le droit de résider, pas au Royaume-Uni.

En deux ans, aucun demandeur d'asile ne s'est envolé vers Kigali et les traversées de la Manche n'ont pas ralenti. Signe que Nigel Farage a néanmoins gagné son pari, Keir Starmer, alors chef du Labour devenu Premier ministre le 5 juillet, n'a pas remis en question cette problématique. Lors de ses premiers meetings électoraux, il a montré sa volonté de démanteler les réseaux de passeurs. À peine réélu, il s'est en revanche engagé à annuler l'accord avec le Rwanda, qu'il a qualifié de « mort et enterré avant qu'il ait commencé ».

Les émeutes qui ont secoué le pays du 30 juillet au 5 août 2024 ont pourtant montré les effets de ce débat. Après l'assassinat de trois enfants par un Britannique d'origine rwandaise de 17 ans, la rumeur s'est répandue sur les réseaux sociaux qu'il était un demandeur d'asile musulman. Des groupuscules d'extrême droite s'en sont pris à une mosquée, avant que des manifestations violentes similaires se répandent dans de multiples villes du pays, visant notamment des hôtels logeant des demandeurs d'asile, sous des bannières indiquant « assez est assez » ou « arrêtez les bâteaux ».

Une immigration acceptée car contrôlée

Pourtant, jusqu'à l'explosion des traversées de la Manche en petits bateaux, la question migratoire n'était plus un thème prioritaire pour les Britanniques. Selon un sondage Ipsos, au cœur de la crise européenne des ●●●

●●● réfugiés en 2015, 55 % des Britanniques plaçaient l'immigration parmi leurs préoccupations majeures. Le sujet a perdu de son importance à leurs yeux : depuis 2019, seulement 10 % d'entre eux la considèrent comme importante, même si les initiatives gouvernementales ont légèrement fait remonter ce chiffre ces derniers mois.

Cette évolution rapide des mentalités s'explique par la nouvelle configuration engendrée par le Brexit, et la fin de la liberté de mouvement des citoyens de pays membres de l'Union européenne au sein du Royaume-Uni. « Le public britannique est rassuré par le fait que le gouvernement puisse désormais choisir qui peut entrer dans le pays », analysent le professeur de sciences politiques Anand Menon et la chercheuse Sophie Stowers, du centre de réflexion UK in a Changing Europe. Déterminante, la notion de « contrôle » permet de mieux faire accepter la venue de travailleurs pour compenser « la pénurie de main-d'œuvre post-covid : bien qu'une pluralité d'électeurs soit toujours favorable à une réduction de l'immigration nette dans son ensemble, la plupart d'entre eux sont en faveur d'une augmentation du nombre de personnes travaillant dans le système de santé publique, dans le secteur agricole et dans l'éducation ».

Logement, le grand oublié

Rishi Sunak avait élevé la voix en novembre 2023 contre « les niveaux d'immigration légale [...] tout simplement trop élevés ». Il s'était dit « déterminé à faire ce qu'il fallait pour les ramener à des niveaux viables ». Par rapport à 2021, l'immigration nette en 2022 avait augmenté de 60 % soit 745 000 personnes, un record historique selon le ministère de l'Intérieur. Ce n'était pas tant le fait qu'ils travaillaient au Royaume-Uni qui perturbait Rishi Sunak que « la pression insoutenable qu'ils exerçaient sur les services publics ». En 2022, travailleurs et étudiants étaient arrivés accompagnés de 211 000 membres de leur famille. De nouvelles règles d'éligibilité à un visa de travail avaient donc été mises en place, exigeant un contrat de travail rémunéré 45 150 euros, contre 30 560 jusqu'alors.

De manière générale, la dégradation des services publics, en particulier du système de santé gratuit, et les difficultés à se loger dans les grandes villes, figurent parmi les préoccupations principales des Britanniques. « Il manque 4,3 millions de logements dans le pays, soit 15 % de logements supplémentaires, principalement dans les zones les plus prospères, ce qui nécessite la construction de 442 000 logements par an au cours des vingt-cinq prochaines années pour combler le manque », indique Anthony Breach, du centre de réflexion Center for Cities. Cette pénurie a un effet direct sur les prix : entre fin 2009 et fin 2023, le prix d'acquisition moyen d'une maison a doublé à Londres et à Oxford, les deux villes les plus chères du pays, et même progressé de 40 % à Hull, à la 64e et dernière place du classement. Les loyers ont suivi une courbe similaire.

Aucun pays d'Europe occidentale n'a moins investi que le Royaume-Uni dans la construction de logements entre 1955 et 1979 : 3,2 % de son produit intérieur brut contre 6,2 % en France et 5,5 % en Belgique. Le taux de construction du secteur privé y était le plus faible d'Europe occidentale (0,95 % en moyenne entre 1955 et 1979, contre 1,56 % en France) et il a encore plongé à 0,6 % depuis le début du millénaire. Le taux de construction de logements sociaux est lui passé de 0,8 % pendant les années 70 à 0,1 % depuis 2000 !

Pour Anthony Breach, ce faible taux de construction s'explique en grande partie par l'incertitude des acteurs du secteur liée à la réglementation et au pouvoir des résidents et des élus d'empêcher ou de retarder des projets immobiliers. « Lorsque le projet est conforme aux règlements, le permis de construire devrait

14 % des logements anglais ne respectent pas les critères de logement décent.

être garanti », estime-t-il. « Dans la pratique, cela n'est pas possible, parce qu'il y a de nombreux critères, dont certains sont contradictoires, d'autres sont subjectifs comme la nécessité d'être "beaux". La décision finale est prise à la fois par des fonctionnaires et des politiciens locaux.» Exemple le plus connu, le roi Charles avait obtenu, bien avant son accession au trône, l'interdiction d'un énorme projet de construction dans le riche ouest londonien que le souverain avait qualifié de « furoncle monstrueux sur le visage d'un ami aimé et apprécié ». Cette incertitude pousse également les développeurs immobiliers à rogner leurs coûts de production et de maintenance. Le 14 juin 2017, dans ●●●

LA CRISE DU LOGEMENT EN ANGLETERRE ET AU PAYS DE GALLES

% de logements insalubres dans les villes anglaises de :

Oxford	9	York	18
Cambridge	12	Liverpool	19
Luton	15	Manchester	19
Newcastle	15	Nottingham	19
Bournemouth	16	Sheffield	19
Birmingham	18	Leeds	21
Bristol	18	Leicester	22

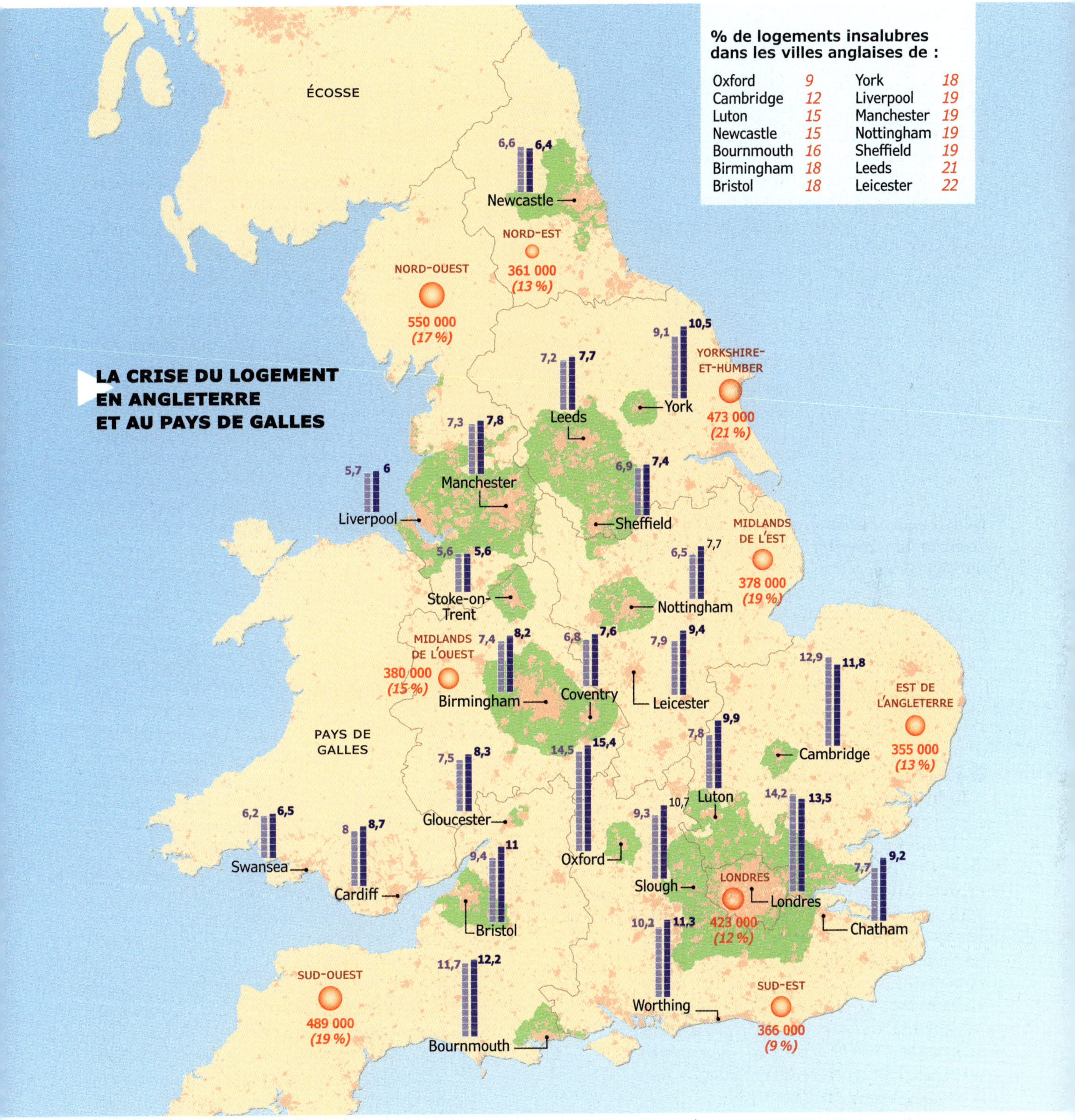

Green Belt (en 2024)

Zones construites (en 2024)

355 000 (13 %) **Nombre de logements insalubres par région** *(% du total de logements)*

Évolution de l'indice de construction et de la population

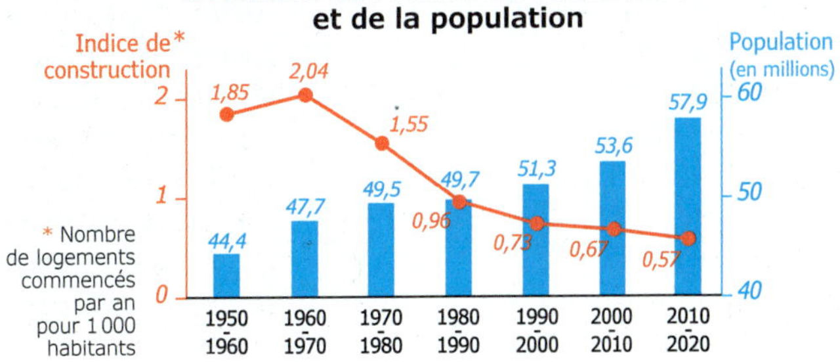

* Nombre de logements commencés par an pour 1 000 habitants

Nombre d'années de salaire à temps plein nécessaire pour acheter une maison dans la zone

5,7 6
En 2014 En 2023

sources : centreforcities.org, ons.gov.uk, data.gov.uk.

Maisons mitoyennes dans le nord de l'Angleterre. ISTOCK

l'incendie de la tour de Grenfell à Londres, le feu s'était propagé dans l'immeuble de vingt-quatre étages en raison du non-respect des normes incendie des panneaux d'isolation extérieurs. Il avait coûté la vie à soixante-douze personnes. L'enquête avait révélé qu'au moins 2 700 immeubles se trouvaient dans la même situation. D'après le gouvernement, 14 % des logements anglais, soit 3,4 millions d'habitations, ne respectent pas les critères de logement décent, dont une grosse proportion en raison de problèmes d'humidité, de froid et de moisissure. Si bien que chaque année, 31 000 enfants de moins de 4 ans sont admis à l'hôpital pour des problèmes respiratoires causés par l'humidité et la moisissure, dont 80 % nécessitent une hospitalisation, selon les statistiques du National Health Service (NHS).

Si la réponse réside souvent dans des investissements plus importants, ce n'est pas toujours le cas. En effet, deux règlements peuvent compliquer, voire rendre totalement impossible leur modification. Le propriétaire d'un logement situé dans une zone de conservation devra en effet demander une autorisation avant de modifier sa façade extérieure, afin de « préserver ce qui le rend spécial », car il pourrait « affecter le caractère général de la zone », justifie un site gouvernemental. Cela concerne notamment « le remplacement d'une porte ou d'une fenêtre ou la modification des gouttières et des tuyaux de descente ». La situation est encore compliquée si le bâtiment lui-même est classé. Dès lors, l'intérieur du bâtiment est également protégé. « Les bâtiments, en particulier ceux qui sont les mieux classés, sont presque figés dans la glace », indique Anthony Breach. « Même changer les luminaires ou les moquettes sans autorisation préalable est un crime », ajoute-t-il, comme l'illustre le maintien de simples vitrages dans un nombre considérable de logements, surtout dans les grandes villes. Une hérésie avec le quasi-triplement des tarifs de l'énergie depuis avril 2021 et alors que le pays s'est fixé des objectifs ambitieux de décarbonation.

Deuxième frein à la construction, l'instauration après la Seconde Guerre mondiale de *Green Belts* (ceintures vertes) autour des principales villes du pays, où la construction de logements est interdite. Les objectifs, clairement précisés par la loi, sont de « freiner l'expansion incontrôlée des grandes agglomérations ; empêcher que des villes voisines ne se fondent les unes dans les autres ; contribuer à la protection de la campagne contre l'essor des villes ; préserver le cadre et le caractère particulier des villes historiques ; contribuer à la régénération urbaine en encourageant le recyclage des terrains abandonnés et des autres terrains urbains ».

Une réglementation contreproductive

Aujourd'hui, ces *Green Belts* occupent 12,5 % de la surface de l'Angleterre. Pour le Center for Cities, autoriser les constructions dans les *Green Belts*, sur les terrains situés 800 mètres autour des stations de train, permettrait « d'augmenter le nombre de logements disponibles de 7 % à 9 % ». En 2014, la London Society estimait que la construction d'un million de logements sur la *Green Belt* londonienne occuperait seulement 4,8 % de sa surface. Ce qui explique la décision du parti travailliste d'empiéter sur ces zones non constructibles en requalifiant les terrains « de qualité médiocre et en déshérence à la périphérie de la ville » en *Grey Belt* (ceinture grise), mais aussi de revoir les délimitations géographiques des *Green Belts*, ce qu'a confirmé Rachel Reeves lors de son premier discours en tant que ministre des Finances. La construction y sera autorisée tant que 50 % des logements seront considérés comme « abordables ». Avec une réforme pour « assurer que la planification n'est pas localisée », et donc susceptible d'être influencée par les intérêts locaux, la ministre a réintroduit un objectif obligatoire en matière d'habitations, en l'occurence la construction d'un million et demi de logements au cours des cinq prochaines années. Les Britanniques en ont bien besoin.

Soudan, *un conflit moyen-oriental* en Afrique

Depuis un an et demi, une guerre civile ravage le pays, provoquant une situation humanitaire gravissime.

PAR **THIERRY VIRCOULON**, CHERCHEUR AU CENTRE AFRIQUE SUBSAHARIENNE DE L'IFRI
CARTES **ALLIX PIOT**

EN UN PEU PLUS D'UN AN, la guerre au Soudan qui a débuté le 15 avril 2023 a eu un impact humanitaire massif. Plus de 10 millions de Soudanais ont été déplacés et 1,5 million ont dû se réfugier dans des pays voisins, surtout en Égypte et au Tchad. Dans un pays de 46 millions d'habitants, environ 20 % de la population a donc été déplacée par la guerre. En 2023, environ 30 000 Soudanais sont morts dans les combats qui ont eu lieu au Darfour (à l'ouest du pays) et dans la capitale, Khartoum. À ces morts directs s'ajoutent les victimes indirectes du conflit. Plus de 60 % des Soudanais vivaient en-dessous du seuil de pauvreté avant la guerre. Ils se retrouvent maintenant dépourvus des services publics essentiels (santé, accès à l'eau, etc.) et éprouvent de plus en plus de difficultés à se nourrir. Les grandes régions agricoles du centre-sud du pays ont subi les conséquences de la guerre (impossibilité de cultiver ou d'obtenir les intrants nécessaires), les transports sont devenus impraticables entre certaines zones et la monnaie soudanaise est en chute libre. Tout cela aboutit à une hausse vertigineuse des prix alimentaires. En mai 2024, des directeurs de dix agences des Nations unies et d'ONG se sont rendus dans le pays et ont tiré la sonnette d'alarme « face à la situation absolument horrible dans tout le pays, caractérisée, entre autres, par l'insécurité alimentaire et un risque croissant de famine ». Depuis, rien n'a positivement évolué dans le pays.

> **Le conflit soudanais illustre le schéma classique des guerres civiles africaines.**

Une lutte entre deux généraux

Le conflit soudanais illustre le schéma classique des guerres civiles africaines. Il a débuté au palais présidentiel lors de la lutte pour la magistrature suprême entre le général al-Burhan et le général Mohamed Hamdan Dogolo, alias Hemetti. À la tête de l'armée, le premier incarnait le pilier militaire du régime épuisé du président Béchir (1989-2019), tandis que le second dirigeait les Forces de soutien rapide (FSR), la plus grande milice du pays. L'origine des FSR remonte, en effet, aux milices arabes du Darfour progouvernementales, appelées *janjawid*, créées par le régime du président Béchir pendant la guerre du Darfour (2003-2005) et connues depuis pour leur violence envers les populations locales non arabes.

Contesté par la rue en 2019, le président Béchir fut destitué et un gouvernement de transition dirigé par des civils fut mis en place. À son tour, ce gouvernement a été démis par les deux généraux qui ont pris le pouvoir en 2021. Frères d'armes pendant le conflit du Darfour, piliers du régime à bout de souffle du président Béchir, unis contre le gouvernement civil de transition, les deux putschistes visaient la présidence. De ce fait, après leur putsch en 2021, leur relation s'est rapidement détériorée, leur désaccord se cristallisant sur l'intégration des FSR dans l'armée. La guerre des deux généraux qui a commencé le 15 avril 2023 est donc une guerre de succession •••

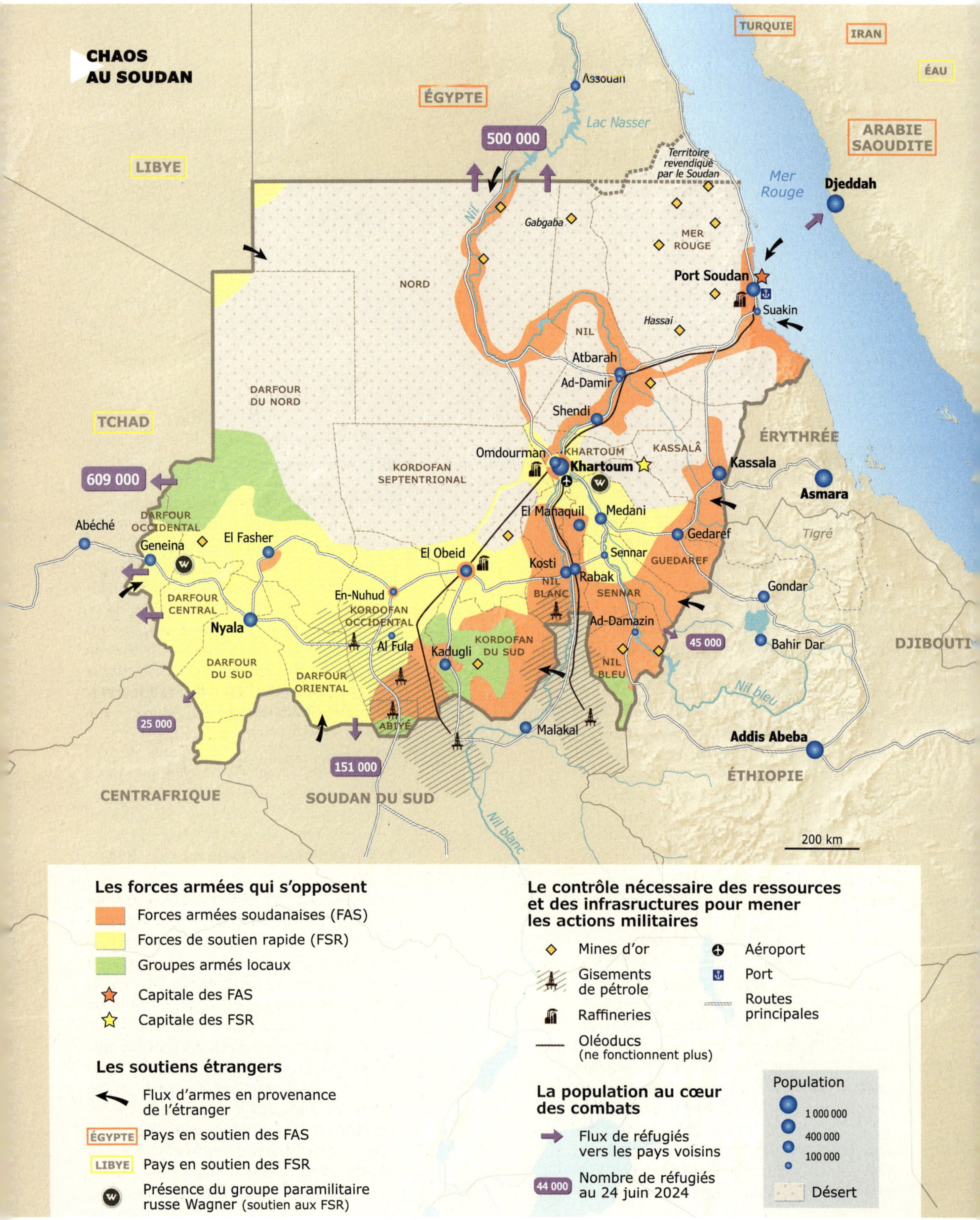
CHAOS AU SOUDAN
LIBYE
ÉGYPTE
TURQUIE
IRAN
ÉAU
ARABIE SAOUDITE
TCHAD
ÉRYTHRÉE
DJIBOUTI
ÉTHIOPIE
CENTRAFRIQUE
SOUDAN DU SUD
Assouan
Lac Nasser
Nil
Territoire revendiqué par le Soudan
Mer Rouge
Djeddah
500 000
609 000
25 000
151 000
45 000
Gabgaba
MER ROUGE
NORD
Port Soudan
Suakin
Hassai
NIL
Atbarah
Ad-Damir
Shendi
DARFOUR DU NORD
KORDOFAN SEPTENTRIONAL
KHARTOUM
KASSALÂ
Omdourman
Khartoum
Kassala
Asmara
El Mahaquil
Medani
Gedaref
Tigré
Abéché
DARFOUR OCCIDENTAL
Geneina
El Fasher
El Obeid
Sennar
Kosti
Rabak
GUEDAREF
Gondar
En-Nuhud
KORDOFAN OCCIDENTAL
NIL BLANC
SENNAR
DARFOUR CENTRAL
Nyala
Al Fula
Ad-Damazin
Bahir Dar
Kadugli
KORDOFAN DU SUD
DARFOUR DU SUD
DARFOUR ORIENTAL
NIL BLEU
Nil bleu
ABIYÉ
Malakal
Addis Abeba
Nil blanc
200 km
Les forces armées qui s'opposent
Forces armées soudanaises (FAS)
Forces de soutien rapide (FSR)
Groupes armés locaux
Capitale des FAS
Capitale des FSR
Les soutiens étrangers
Flux d'armes en provenance de l'étranger
ÉGYPTE Pays en soutien des FAS
LIBYE Pays en soutien des FSR
Présence du groupe paramilitaire russe Wagner (soutien aux FSR)
Le contrôle nécessaire des ressources et des infrasructures pour mener les actions militaires
Mines d'or
Gisements de pétrole
Raffineries
Oléoducs (ne fonctionnent plus)
Aéroport
Port
Routes principales
La population au cœur des combats
Flux de réfugiés vers les pays voisins
44 000 Nombre de réfugiés au 24 juin 2024
Population
1 000 000
400 000
100 000
Désert

●●● dont le but ultime est la prise du pouvoir au Soudan.

Les combats qui ont débuté à Khartoum en avril 2023 se sont rapidement répercutés dans les régions soudanaises les plus conflictogènes : le Darfour et le Kordofan. Au Darfour, les troupes de l'armée soudanaise ont été défaites par les FSR et des milices arabes. Seule l'enclave d'Al-Fasher (la grande ville du nord Darfour) que les FSR encerclent actuellement, leur a échappé. À l'instar de ce qui s'était passé pendant le précédent conflit du Darfour (2003-2005), les milices arabes ont profité de la situation pour attaquer certaines communautés non arabes. Ainsi, les Massalit dans le Darfour occidental ont-ils été victimes d'un véritable nettoyage ethnique par les milices arabes et les FSR. Ils se sont réfugiés massivement à l'est du Tchad.

Au Kordofan (centre du pays), les affrontements entre les FSR et l'armée se sont concentrés dans le nord, pour le contrôle de la ville de El Obeid. Les FSR ont ouvert un autre front en s'emparant de la capitale de l'État d'Al Jazira, dans le centre-est du Soudan et de Al-Fula, la principale ville du Kordofan occidental. Si les FSR n'ont pas encore réussi à s'emparer de l'enclave d'Al-Fasher, ils ont été offensifs cet été, notamment dans les États du Sennar et de Gedaref (centre sud du pays), montrant qui avait l'initiative sur le terrain. Au Darfour et au Kordofan, la guerre des généraux attise des conflits intercommunautaires qui n'avaient jamais réellement cessé. Si au début du conflit, certains groupes armés du Darfour et du Kordofan ont adopté une attitude neutre entre les FSR et l'armée, elle est intenable dans la durée et ils sont désormais de plus en plus nombreux à prendre parti. La dynamique de communautarisation du conflit s'accélère, en même temps que son internationalisation.

L'internationalisation du conflit

Les deux généraux disposent d'importants appuis extérieurs qui alimentent leur guerre. Le général al-Burhan est très proche des régimes égyptien et turc. Plus inédit et récent est le soutien qu'il reçoit de l'Iran. Il a rétabli les relations diplomatiques avec le régime iranien en 2023, alors que celles-ci étaient rompues depuis 2016. Il bénéficie du soutien militaire de ces trois pays, l'Iran ayant commencé à lui livrer des armes au début de 2024. Le général Hemetti a derrière lui une coalition plus vaste qui comprend le seigneur de guerre de la Libye orientale (le général Haftar), les Émirats arabes unis (EAU), le Tchad, le Kenya et le Sud-Soudan. L'Arabie saoudite, le Koweït et le Qatar semblent rester neutres, du moins en apparence. La Russie et l'Ukraine sont aussi parties prenantes du conflit, bien qu'à un niveau plus modeste. Arrivé en 2017 au Soudan à la demande du président Béchir, le Groupe Wagner a entretenu des relations avec les deux généraux, mais a dû choisir son camp au début du conflit. Le général Hemetti, qui se trouvait à Moscou le jour de l'invasion russe de l'Ukraine en 2023, a ainsi obtenu de l'armement anti-aérien russe par l'entremise du Groupe Wagner, au début du conflit. La présence des paramilitaires russes dans les rangs des FSR a conduit à l'intervention de forces spéciales ukrainiennes aux côtés de l'armée soudanaise. Plusieurs paramilitaires russes auraient été neutralisés et capturés par les Ukrainiens. L'internationalisation du conflit soudanais s'observe à la fois sur la scène diplomatique et sur le champ de bataille.

Port-Soudan sur la mer Rouge. AKG-IMAGES/PICTURE ALLIANCE/PRISMA

La Russie et l'Ukraine sont aussi parties prenantes du conflit, bien qu'à un niveau plus modeste.

Pour compenser leur manque d'armement moderne, les FSR recrutent des ●●●

●●● mercenaires en Syrie, République centrafricaine, Tchad, Mali, Niger, Russie, etc. Outre l'appui des Ukrainiens, l'armée soudanaise dispose probablement de mercenaires étrangers pour ses moyens aériens. Tandis qu'elle reçoit des armements par Port-Soudan qu'elle contrôle, les FSR reçoivent des armes et du carburant en provenance des territoires libyen et tchadien. Les armes fournies par les EAU aux FSR passent ainsi par la ville tchadienne d'Amdjarass, sous le couvert d'une mission d'aide humanitaire.

Conscients de leur dépendance extérieure, les deux généraux sont très actifs sur la scène diplomatique, chacun tentant d'avoir de nouveaux alliés et de discréditer son ennemi. Au mois d'août 2023, le général al-Burhan a effectué son premier voyage international depuis le début de la guerre, en Égypte. Il s'est ensuite rendu au Sud-Soudan, au Qatar, en Érythrée, en Turquie et en Ouganda, avant d'assister à l'Assemblée générale des Nations unies à New York, où il a exhorté la communauté internationale à qualifier les FSR d'organisation terroriste. Jusqu'à présent, ses tentatives pour convaincre ses voisins de bloquer l'approvisionnement militaire des FSR ont échoué et il a accusé les EAU de soutenir les FSR devant le Conseil de sécurité de l'ONU en mars 2024. De son côté, malgré les combats, le général Hemetti a effectué aussi de nombreux voyages (de Djibouti à l'Afrique du Sud) pour accuser le général al-Burhan de collusion avec les islamistes soudanais et se présenter comme un président potentiel, loin de l'image de seigneur de guerre qui lui colle à la peau.

Une économie de guerre

Non seulement les deux belligérants disposent de puissantes coalitions, mais aussi de ressources considérables. Les militaires soudanais possèdent un réseau d'entreprises tentaculaire qui va de l'industrie de la défense à l'agriculture. Depuis qu'elle a pris le contrôle de la zone contestée d'Al-Fashaga, précédemment occupée par les forces éthiopiennes, l'armée soudanaise contrôlerait désormais plus de 90 % de la récolte de sésame. Les entreprises liées à l'armée produisent des armes, des biens de consommation, contrôlent de vastes programmes agricoles, pratiquent le commerce du bétail, extraient de l'or et d'autres minerais, etc. Déjà riche avant la destitution du président Béchir, la hiérarchie militaire l'est devenue davantage après sa chute, en prenant le contrôle de nombreuses entreprises qui appartenaient auparavant aux services de renseignement militaire et civil, des institutions jusqu'alors indépendantes de l'armée et qui rendaient compte directement au président. En outre, l'armée soudanaise entretient des liens commerciaux importants avec les entreprises militaires égyptiennes.

Le général al-Burhan à Khartoum (Soudan) en décembre 2022. MARWAN ALI/AP/SIPA

Les vastes gisements du Soudan représentent une ressource financière importante.

Le général Hemetti et sa famille contrôlent également un réseau d'affaires qui va de la banque à l'industrie minière aurifère. L'expansion financière impressionnante de sa famille a été alimentée par les énormes profits tirés de leur rôle de garde-frontière – vers la Lybie – financé par l'Union européenne dans le cadre de sa politique de lutte contre les migrations, des services militaires vendus par les FSR à l'Arabie saoudite et aux EAU pour la guerre au Yémen contre les Houthis, et de la contrebande d'or. En effet,

Le général Hemetti à Khartoum (Soudan) en février 2023. AP/SIPA

en tant que principal seigneur de guerre du Darfour, Hemetti contrôle de nombreuses zones aurifères dans cette partie du pays, notamment la mine d'or du Djebel Amir.

Une économie de guerre est donc d'ores et déjà en place, comme l'atteste l'évolution des exportations d'or. Les États du Nil, du Nord, de la mer Rouge et du Kordofan-Occidental sont considérés comme les États les plus productifs d'or au Soudan, mais il existe également d'importantes zones d'extraction dans les États de la région du Darfour et du Nil Bleu. La géographie aurifère est désormais divisée entre chaque camp. De ce fait, les exportations, essentiellement destinées aux EAU avant le conflit, empruntent maintenant de nouvelles routes. De l'or soudanais est désormais écoulé au Caire et le Qatar a fait une offre pour le raffiner. Grâce à la hausse spectaculaire du cours de l'or, les vastes gisements du Soudan représentent une ressource financière importante dans cette économie de guerre.

Chaque camp taxe les échanges des zones sous son contrôle. L'armée soudanaise tire profit des échanges officiels vers le Soudan par les ports de la mer Rouge et en provenance d'Égypte et d'Éthiopie. Les FSR taxent le commerce en provenance et à destination de la Libye, du Tchad et de la République centrafricaine.

Vers un désastre humanitaire

Face à cette configuration conflictuelle, toutes les initiatives de médiation ont échoué jusqu'à présent. Elles n'ont pourtant pas manqué : initiative américano-saoudienne (les pourparlers de Djeddah lancés en mai 2023), initiatives de l'Union africaine, de l'IGAD (Autorité intergouvernementale pour le développement), du Bahreïn au début de 2024 (pourparlers de Manama), réunions du groupe des pays voisins, etc. Aucune n'est parvenue à une trêve ou à améliorer l'accès à l'aide humanitaire. Au début de 2024, la proposition d'arrêter les combats pendant le ramadan a été rejetée par l'armée soudanaise et les pourparlers de Djeddah, qui devaient être relancés en avril, n'ont pas eu lieu. Organisée en avril, la conférence de Paris a permis d'obtenir des promesses de financement de l'aide humanitaire à hauteur de 2 milliards de dollars. Cela ne représente que la moitié des 4 milliards jugés nécessaires par l'ONU, mais surtout ce financement ne sert pas à grand-chose tant que l'accès humanitaire aux populations est très limité par les belligérants. Face au blocage cette aide, le gouvernement américain a tenté de relancer en août 2024 une médiation en Suisse pour ouvrir l'accès humanitaire. Si le général Hemetti a répondu favorablement à cette initiative, le général al-Burhan y a été défavorable et n'a pas envoyé de délégation. Utilisant l'accès humanitaire pour être reconnu comme le chef du gouvernement légitime d'un Soudan en guerre, le général al-Burhan a fini par faire de maigres concessions (notamment la réouverture de l'accès au Darfour par le poste-frontière d'Adré au Tchad) qu'il peut remettre en cause à tout moment.

En s'inscrivant dans la durée, ce conflit risque d'aboutir à une véritable fragmentation du pays. Car non seulement le Soudan est effectivement divisé entre l'armée et les FSR, mais les nombreuses milices locales présentes sont autant de forces centrifuges qui réclament depuis longtemps leur autonomie au Darfour, au Kordofan et même dans l'est du pays. Ces forces exercent maintenant *de facto* le pouvoir dans leur territoire à cause du vide étatique laissé par le conflit. Mais elles négocient aussi leur soutien à chaque camp dans l'espoir d'obtenir plus tard une reconnaissance officielle. Si le conflit s'enlise, le Soudan risque non pas d'être divisé en deux mais morcelé en plusieurs entités, et de devenir une nouvelle Libye. ■

En Chine, 75 ans d'une *« économie socialiste de marché »*

Le pays s'est hissé au rang de deuxième puissance mondiale grâce à une gestion économique administrée au plus haut niveau et une organisation politique de contrainte.

PAR **EMMANUEL LINCOT**, SINOLOGUE, PROFESSEUR À L'INSTITUT CATHOLIQUE DE PARIS, CHERCHEUR-ASSOCIÉ À L'IRIS, AUTEUR*
CARTE **ALLIX PIOT**

CE QUE L'ON DIT des États-Unis est aussi vrai pour la Chine : « It's big ». Pour sa superficie, cet état-continent bat un très grand nombre de records. Longtemps première population du monde (1,42 milliard d'habitants), à présent devancée par l'Inde, la Chine est soumise à une contrainte de taille : nourrir quotidiennement une population gigantesque, alors que ses terres arables (qui représentent moins de 12 % de sa surface) et ses ressources s'amenuisent. Misérable il y a encore un demi-siècle, la Chine est devenue la deuxième puissance économique du monde. Mais à quel prix ! Parce qu'autoritaire, son gouvernement a mis la population à rude épreuve dans cet effort fulgurant.

Avec une croissance annuelle de 11 % à 15 % durant les « Trente Glorieuses » (1978-2008), le pays a entrepris des réformes sans jamais abandonner trois principes cardinaux : indépendance, souveraineté, et prise de décision subordonnée à l'autorité et au monopole du Parti communiste chinois (PCC). En somme, une trajectoire historique opposée à celle de l'URSS, dont la dislocation traumatique en 1991 a conforté les dirigeants chinois dans leur refus systématique de démocratiser le pays. Et un pied-de-nez adressé à l'Occident, dupé par la croyance d'un possible changement de régime si l'on aidait la Chine à se développer. Transferts de technologie, pillages industriels, utilisation d'une main-d'œuvre surabondante et servile ont participé de cette mondialisation heureuse et la Chine en a été la première bénéficiaire.

La Chine est devenue la deuxième puissance économique du monde.

Depuis 2022, avec la guerre en Ukraine, le choix pour Pékin de soutenir Moscou et le renforcement du pouvoir de Xi Jinping à l'issue du XXe Congrès du Parti communiste chinois, la Chine entre dans un nouveau modèle. C'est une économie de guerre qui se met en place conditionnée par deux objectifs : créer une alternative géopolitique face à l'Occident et garantir les intérêts sécuritaires et énergétiques du pays.

Des entreprises administrées

Le tournant s'est amorcé il y a plusieurs décennies dans un effort inédit, axé sur l'innovation visant au rattrapage technologique du pays, entièrement encadré par le Parti et soutenu par l'État. Ainsi protégées de la concurrence (domestique ou internationale), les entreprises d'État (SOE) sont sécurisées dans leurs chaînes de valeur en éliminant les risques associés à leurs activités. Quant à l'innovation, l'organisation de son financement a été totalement repensée entre 2014 et 2019, ce qui permet aujourd'hui un pilotage stratégique et centralisé dans le cadre de priorités clairement établies, essentiellement orientées vers les sciences de l'ingénieur et la manufacture. Ainsi, le Parti assigne un rôle central aux entreprises d'État, en privilégiant les chaînes d'approvisionnement jugées vitales pour la sécurité nationale : le ferroviaire à grande vitesse, le fret naval, les équipements de production électrique, les •••

DE L'ÉVEIL
À L'IMPÉRIALISME
RUSSIE
KAZAKHSTAN
MONGOLIE
OUZBÉK.
KIRGHIZ.
TADJIK.
HANISTAN
PAKISTAN
INDE
NÉPAL
BHOUTAN
BANGLADESH
MYANMAR
LAOS
THAÏLANDE
CAMBODGE
VIETNAM
PHILIPPINES
MALAISIE
INDONÉSIE
INDONÉSIE
SRI LANKA
CORÉE DU NORD
CORÉE DU SUD
JAPON
TAÏWAN
vers l'Europe
vers l'Europe
vers l'Europe
vers le Golfe persique
vers la Mer Rouge
90 % de la population chinoise vit à l'est de cette ligne
Ouïghours
Mongols
Tibétains
Xinjiang
Tibet
Himalaya
Mongolie intérieure
Aksai Chin
Plateau du Doklam
Arunachal Pradesh
Huanghe
Yangzi Jiang
Xijiang
Urumqi
Jiuquan
Lanzhou
Xi'an
Chengdu
Chongqing
Xichang
Kunming
Nanning
Harbin
Shenyang
Dalian
Pékin
AliBaba
Tiktok
Tianjin
Taiyuan
Jinan
Qingdao
Zhengzhou
Nanjing
Shanghai
Ningbo-Zhoushan
Wuhan
Hangzhou
Fuzhou
Xiamen
Shantou
Canton
Huawei
Zhuhai
Shenzen
Hong Kong
Taishan
Wenchang
Yalong
Kyaukphyu
Krong Kampot
Hô Chi Minh
Cai Mep
Colombo
Hambantota
Okinawa (Japon)
Mer Jaune
Mer de Chine
Mer de Chine méridionale
Golfe du Bengale
OCÉAN PACIFIQUE
OCÉAN INDIEN
Îles Senkaku
Îles Paracels
Îlot Scarborough
Îles Spratleys
500 km
Centres urbains (en millions d'habitants)
20-26
12-16
5-10
1-5
Altitude (en mètres)
3000
1000
200
0
Un géant économique en 2024
L'ouverture progressive du pays
Création des 5 premières ZES (1979)
Le littoral, première zone intégrée à la mondialisation (années 80)
Le développement graduel de l'Ouest (à partir des années 1990-2000)
La maîtrise technique et l'innovation technologique
Le barrage des Trois-Gorges, la plus grande centrale hydroélectrique du monde
45 000 km de lignes ferroviaires à grande vitesse (85 % des LGV du monde)
Bases de lancement de fusées spatiales
L'EPR (et 54 autres réacteurs nucléaires)
Commerce et internet, outils géopolitiques
Les Nouvelles routes de la soie
Investissements chinois dans les ports étrangers
6 ports chinois, parmi les 10 premiers du monde (conteneurs)
Sièges de grandes entreprises en lien avec Internet
Ouïghours
Les minorités ethniques victimes de l'expansion dominatrice de la Chine des Hans
Une puissance qui inquiète
Base des sous-marins nucléaires lanceurs d'engins
Présence militaire chinoise menaçante
Contentieux territoriaux ravivés depuis 10 ans
L'Indopacifique, un projet pour endiguer l'expansion chinoise
Pays partenaires du projet
Manœuvres aéro-navales (avril 2024)
Bases américaines

●●● nouvelles énergies et les technosciences.

Dans cette optique, certains domaines tels que l'informatique, voire les sciences biomédicales, considérés par les autorités comme faisant partie intégrante de la sécurité nationale, sont désormais formellement régis par des règles de commande publique excluant les intervenants étrangers. Sans surprise, les dépenses de R&D continuent de progresser en Chine. Elles représentaient 1 % du PIB en 2000, deux fois et demie plus, vingt ans plus tard. Les exportations, dont la valeur totale était de 3 400 milliards de dollars entre avril 2023 et mars 2024, sont par ailleurs florissantes, tandis que la consommation intérieure reste bien orientée. L'effondrement brutal des IDE (Investissements directs étrangers) en Chine fin 2023 (33 milliards de dollars, dix fois moins qu'en 2021) est en revanche un indicateur signalant que le vent de l'attractivité du pays a tourné. La désaffection est générale. Elle concerne aussi bien les investisseurs japonais, européens qu'américains, preuve qu'ils anticipent à la fois des perspectives économiques défavorables et des conditions de marché (intérieur et extérieur) peu propices au développement des projets en Chine.

Le vent de l'attractivité du pays a tourné. La désaffection est générale.

Corollaire, le climat des affaires se dégrade et les risques de conflits ou de détérioration des relations entre la Chine et ses proches voisins (Inde, Taïwan, sud de la mer de Chine...) s'ajoutent à la menace d'une confrontation entre Chine et États-Unis. Dans les faits, elle a déjà commencé. Que ce soit dans l'interdiction sur le territoire américain de Huawei et vraisemblablement à terme de TikTok, dans la forte hausse des droits de douane sur certains produits chinois à l'entrée aux États-Unis, ou encore dans le découplage industriel à l'encontre de la Chine qu'ont entamé les États-Unis et leurs alliés japonais et taïwanais pour opérer leur propre réindustrialisation à la suite d'un rapatriement de leurs activités depuis la Chine. Cette menace s'opère aussi dans le développement de l'espace Indopacifique : cet immense espace, qui s'étend de l'ouest de l'Inde à l'ouest du Japon et au sud-est asiatique, concentre une grande proportion des richesses de la planète et voit transiter une grosse partie du commerce mondial, réunissant les intérêts de pays qui ne sont pas alliés de la Chine. Celle-ci d'ailleurs conteste l'idée d'Indopacifique, dont le volet stratégique est opposé aux « nouvelles routes de la soie », lancées par Pékin à partir de 2013.

La Chine qui peut dire non

L'émergence chinoise parmi les plus grands de la planète trouve pour partie ses origines dans une volonté de se défaire de trente années traumatiques de maoïsme (1949-1976) qui auront coûté à la population plusieurs dizaines de millions de victimes, avec successivement le mouvement des Cent fleurs (1956-57), le Grand Bond en avant (1958-62), puis la Révolution culturelle (1966-76). Les trente ans qui ont suivi (1978-2008) ont été caractérisés non seulement par le choix du plus grand nombre de tourner la page à ces décennies de violence et de les oublier, mais aussi par les réformes entreprises par les successeurs du Grand Timonier. Reprendre confiance, gagner en pouvoir d'achat et voyager, tout en maintenant l'ordre et l'autorité du Parti, font de moins en moins débat dans cette Chine qui aura connu – lors des insurrections de Tiananmen (1989) – l'épisode d'une révolution avortée.

Cette résilience chinoise a permis au régime de bâtir un modèle capable de concilier une « économie socialiste de marché » (un oxymore s'il en est) et des « caractéristiques chinoises ». Autrement dit, il n'existe pour la Chine qu'une voie chinoise. Ce n'est ni celle de la démocratie, ni celle des principes de la défense des droits individuels, conditionnant les choix occidentaux de gouvernance, mais bien celle d'une dictature assumée au nom du bien commun. Dictature justifiée par la convocation d'une double tradition proprement chinoise (le légisme et le néoconfucianisme) que le Parti communiste n'hésitera pas à instrumentaliser. Un ouvrage résume cet état d'esprit émergeant à la fin du XXe siècle : *La Chine peut dire non.*

Véritable best-seller, publié à Pékin en 1996 par des idéologues proches du pouvoir, critiquant l'hégémonie américaine, il dit non à l'Occident, à ses valeurs triomphantes qui ont pourtant conduit l'URSS à son effondrement (1991) et à un monde unipolaire. Cette vindicte anti-occidentale s'exprime au grand jour par des manifestations nationalistes immenses déclenchées partout en Chine à la suite du bombardement déclenché en 1999 par l'OTAN contre l'ambassade de Chine à Belgrade, en ex-Yougoslavie, alors en guerre. Qui veut comprendre Xi Jinping aujourd'hui, doit revenir à ces précédents historiques.

Personnalité complexe, Xi Jinping est l'incar-

Clôture du Congrès national du Parti communiste chinois, le 22 octobre 2022. ARTYOM IVANOV/TASS/SIPA USA/SIPA

nation d'une révolution conservatrice. Révolutionnaire dans le domaine des innovations technologiques, comme dans son affrontement idéologique contre l'Occident, il n'en conserve pas moins un attachement au léninisme, dans sa manière très opaque de diriger, voire d'évincer, ses collaborateurs. Pas un seul cadre dirigeant, qu'il soit ministre (Qin Gang, pour les Affaires étrangères ; Li Shangfu pour la Défense ; Tang Renjian pour l'agriculture...) ou homme d'affaires (Jack Ma, fondateur d'Alibaba...) n'y échappe. Conservateur, il l'est aussi dans sa façon de renouer avec une tradition impériale. Or, de l'empire à la tentation impérialiste, il n'a qu'un pas que Xi Jinping ambitionne sans doute de franchir.

C'est aussi cela le « rêve chinois », slogan inventé par Wang Huning, l'un de ses proches conseillers : prétendre se hisser au rang de grande puissance, avec la garantie pour le plus grand nombre d'atteindre un niveau de prospérité moyenne. Et les résultats sont tangibles. Le pays se déruralise massivement, les Zones économiques spéciales (ZES) - lancées sur le littoral il y a plus de quatre décennies par le père de l'actuel dirigeant - ont créé une dynamique de croissance qui porte encore ses fruits. La Chine a su capter les investissements étrangers, tandis que l'Occident se désindustrialisait avec, pour corollaire, une paupérisation de ses propres classes moyennes. Soit par complaisance, soit car le degré de dépendance à ses partenaires est tenu pour irréversible, l'Occident peine à se désengager de ses obligations envers la Chine, étant donné l'inextractibilité des économies, ou pour prospecter vers d'autres marchés de substitution jugés plus sûrs, Vietnam et Inde notamment.

Réduire sa dépendance

Un exemple : exploitant 80 % des terres rares dans le monde, la Chine sait l'usage critique qui en est fait pour la fabrication des microprocesseurs. Prédatrice en énergie et en ressources (déforestation, pillages halieutiques...), la consommation chinoise crée par ailleurs des situations de pénurie ou de suraugmentation des prix au niveau mondial (ainsi le cours exponentiel des céréales engendrant en 2011, dans les sociétés du Maghreb et du Proche-Orient, des insurrections d'une rare ampleur, le Printemps arabe) et entraîne une pollution dramatique de l'environnement. Dans ce contexte, le régime de Pékin a compris la nécessité pour sa survie de changer de paradigme économique en privilégiant la décarbonation de ses industries et en réduisant sa dépendance vis-à-vis de l'étranger. Ce qui suppose de ne plus commercer au niveau international selon les principes du libre-échange et dans une configuration du monde ouverte, mais en privilégiant des partenaires utiles à la Chine et qui adhèrent, quand cela est possible, à ses valeurs illibérales.

Que ce soit la Hongrie de Viktor Orbán ou les pays adhérents aux BRICS (Brésil, Russie, Inde, Chine, Afrique du sud), élargis au ●●●

●●● Sud global (Égypte, Iran, Arabie saoudite, EAU), et plus particulièrement à l'Afrique, ou encore à l'Organisation de coopération de Shanghai, le régime chinois et l'originalité de son développement font des émules. Et pour cause. Dans les lancement des voitures électriques, les nouvelles technologies de l'information, y compris les logiciels, des machines-outils pilotées par ordinateur, des machines agricoles modernes, aux nouveaux matériaux et à la biomédecine ou à la pharmaceutique, en passant par l'aérospatiale, les navires océaniques haut de gamme ou les transports aériens, la Chine et ses ingénieurs excellent.

Dans le domaine militaro-industriel, les réalisations sont nombreuses. Deuxième budget militaire mondial, dans le domaine aérospatial le pays est entré en rivalité avec les États-Unis dans la course pour la conquête de la planète Mars et la couverture satellitaire qu'elle impose. Sur terre, il revendique le lancement du J-20, chasseur furtif de 5e génération mis au point à Chengdu (Sichuan), l'équipement de l'APL (Armée populaire de libération) de missiles hypersoniques et de techniques de maîtrise du déni d'accès (A2/2D) (défense anti-aérienne et anti-navire) éprouvées dans les récentes intimidations contre Taïwan (mai 2024, voir l'interview de Thomas Gomart page 10), mais aussi l'équipement de drones à la fois aérien et sous-marin, ou encore le déploiement d'une flotte hauturière qui, tous les quatre ans, équivaut au déploiement d'une nouvelle Royal Navy. Le but de cet arsenal est de sanctuariser les intérêts et les ressortissants nationaux, aussi bien en Chine qu'ailleurs dans le monde (près de 150 millions de personnes réparties sur les cinq continents).

Une véritable résistance passive s'est mise en place à travers le développement d'une contre-culture.

Un géant aux pieds d'argile ?

Dans le domaine civil, le but des innovations est non seulement de consommer moins d'énergie, de réduire la pollution, mais aussi de mobiliser la robotique comme palliatif à une main d'œuvre à la fois coûteuse et décroissante, à l'image du déclin démographique. Ne s'en pose pas moins le défi alimentaire auquel la Chine pourrait répondre par le clonage de masse de ses cheptels, bien que les transgressions génétiques suscitent, même dans le pays, des controverses sur ces dérives éthiques et morales. L'une des réponses est l'acquisition de terres agricoles en dehors des frontières continentales, en Afrique, et désormais même en Europe.

À cette volonté d'accéder à une autonomie stratégique s'ajoute l'obsession sécuritaire du régime. Elle met en coupes réglées toute la population. Toute collusion d'un invididu avec l'étranger peut être soupçonnée d'espionnage. Cette dérive stalinienne, qui n'est pas sans rappeler celle de la Russie poutinienne, présente toutefois une singularité. La dictature chinoise s'appuie sur une technostructure d'un genre inédit. Ainsi, le recours à l'IA (intelligence artificielle) et aux caméras de surveillance permet de contrôler les flux d'une population soumise à l'utilisation d'un crédit social au pouvoir à la fois coercitif et discriminant. En cela, la Chine est une cybercrature. Son système de blocage des réseaux sociaux d'opérateurs non chinois et de censure la rendent immune à toute forme d'ingérence. Ce système est loin de faire l'unanimité, comme l'ont démontré d'une manière spectaculaire les émeutes de Shanghai de novembre 2022 et l'appel à la démission de Xi Jinping. Les jeunes en particulier sont loin de souscrire aux normes productivistes et aux attentes sacrificielles et patriotiques imposées par le Parti. Alors que l'ascenseur social ne fonctionne plus comme pour les générations précédentes, une véritable résistance passive s'est mise en place à travers le développement d'une contre-culture que porte le mouvement des *tangping* (littéralement : « de celles et ceux qui restent couchés »).

Sans en exagérer la portée, il est évident qu'il est symptomatique d'un malaise social : taux de chômage de plus de 20 % dans les villes, maillage de PME détruit pour cause de confinement lié à la pandémie, absence de sécurité sociale et d'allocations chômage, surendettement des régions, bulle immobilière spéculative, régression de la condition féminine, pauvreté encore endémique d'un très grand nombre de zones rurales (600 millions de personnes vivent en deçà du seuil de pauvreté). L'horizon s'assombrit et l'avenir de la Chine semble incertain. Celui du monde ne pourra s'en affranchir. ■

*Emmanuel Lincot est l'auteur de *Le très grand jeu : Pékin face à l'Asie centrale* (Éditions du Cerf, 2023).

C'EST ARRIVÉ PRÈS DE CHEZ VOUS ?

REPLACEZ CES ÉVÉNEMENTS DE L'ANNÉE DANS LES PAYS OÙ ILS ONT EU LIEU.

1 Le 18 juin 2024, ce pays d'Asie du Sud-Est a légalisé le mariage homosexuel.

2 Accueillant le plus grand pèlerinage du monde musulman, cette ville a connu au mois de juin dernier des chaleurs extrêmes, qui ont causé la mort de plus de 1 300 personnes.

3 Depuis le 1er juillet 2024, les parents de ce pays peuvent transférer jusqu'à 45 de leurs 480 jours de congés parentaux à la personne de leur choix qui les aide à s'occuper de leur enfant.

4 Le 26 juin 2024, le général Juan José Zuniga et des dizaines de militaires ont tenté un coup d'État en investissant le palais présidentiel dans la capitale du pays.

5 Le 23 juillet 2024, le Comité international olympique a désigné ce pays du Moyen-Orient pour accueillir les premiers Jeux olympiques d'e-sport.

6 Lors des élections présidentielles du 15 juillet 2024, le président sortant, aux commandes du pays depuis 24 ans, a été réélu avec 99 % des voix.

7 Le 18 août 2024, la capitale de ce pays a officiellement été déplacée dans une autre ville construite de toutes pièces pour l'occasion.

8 Lors des JO de Paris, ce pays a remporté la première médaille olympique de son histoire : une médaille d'or au 100 mètres féminin.

9 Le gouvernement de ce pays a interdit l'exploitation d'un gisement riche en uranium sur un site aborigène.

10 Cet été, la capitale de ce pays a récompensé les touristes éco-responsables par des entrées gratuites dans certains musées, des tours en kayak, des cafés ou des verres de vin.

11 Le souverain de ce pays a gracié plus de 4 800 agriculteurs inculpés dans des affaires de culture de cannabis.

12 Ce pays a décidé de ne plus délivrer de permis de travail temporaire à des travailleurs étrangers pour des emplois faiblement rémunérés dans des villes où le taux de chômage est égal ou supérieur à 6 %.

13 Le 5 septembre 2024, ce pays s'est engagé à verser 50 milliards de dollars à l'Afrique.

14 Le 30 août dernier, Emmanuel Macron a signé un accord pour la vente de douze Rafales avec ce pays – accord controversé pour sa proximité avec la Russie.

Réponses page 96

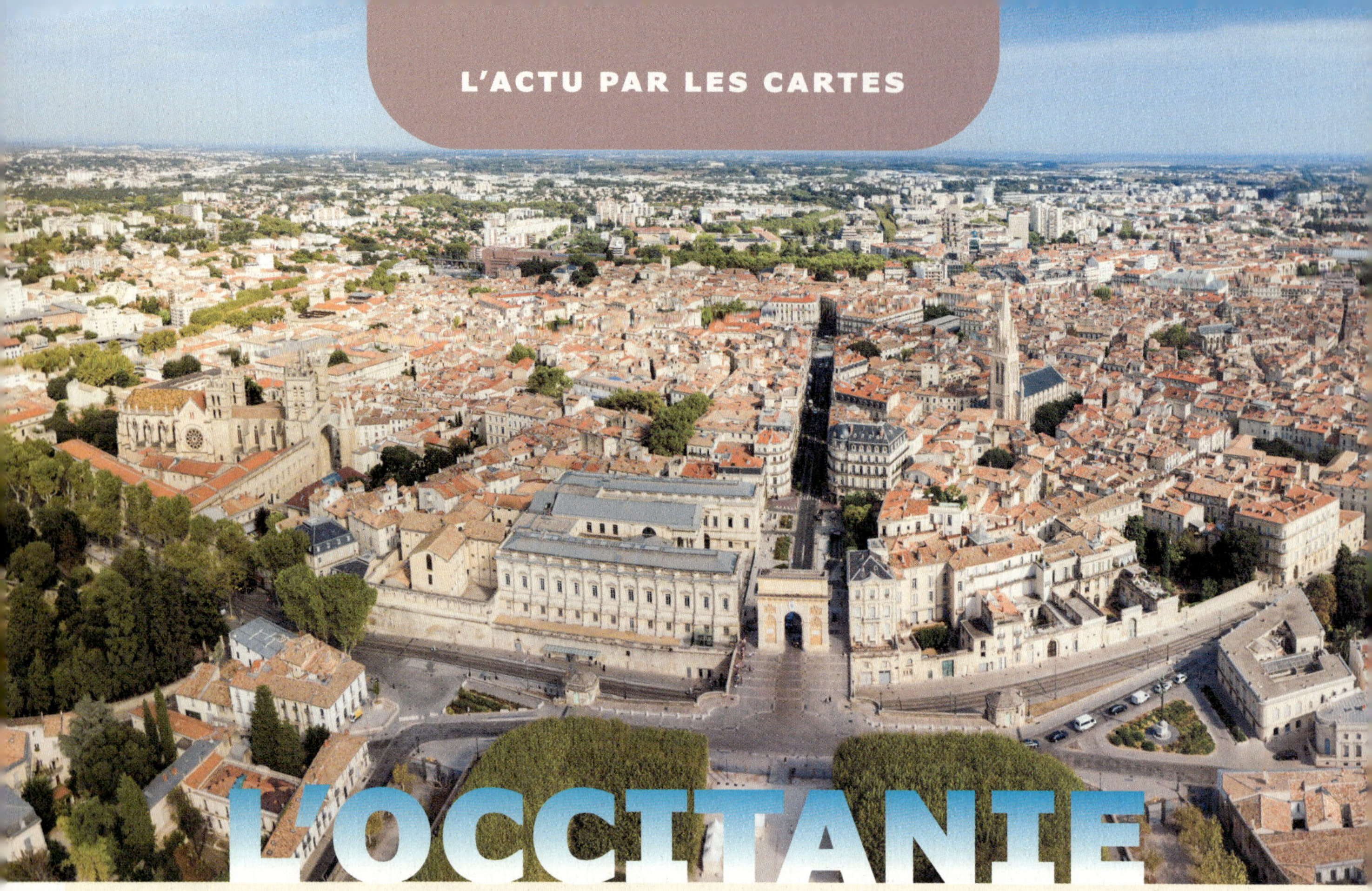

L'OCCITANIE une région de records

Propulsée par ses deux capitales, Toulouse et Montpellier, la région Occitanie fait preuve d'un dynamisme incontestable. Mais doit affronter les inégalités de son territoire.

PAR **BENOÎT GODIN**, JOURNALISTE

Cette année, les habitants des Pyrénées-Orientales auraient bien aimé se plaindre de la quantité de pluie tombée au printemps. Bien avant l'été, le Bureau de recherches géologiques et minières (BRGM) – l'organisme mesurant le niveau des nappes phréatiques en France – soulignait le « déficit pluviométrique très marqué » du département, évoquant même un niveau « extrêmement dégradé » dans le Roussillon et les Corbières. De fait, l'Occitanie concentre les seuls niveaux de l'Hexagone classés « très bas ». Un stress hydrique qui met en péril aussi bien les cultures que les habitants, et qui a incité le Conseil régional à voter, au printemps, une étude de faisabilité de la prolongation de l'aqueduc Aqua Domitia pour acheminer l'eau du Rhône jusqu'à Perpignan.

Un projet critiqué par plusieurs associations écologistes, mais qui met en lumière les défis, environnementaux notamment, que doit affronter aujourd'hui la région. L'Occitanie ne manque pas de ressources pour y répondre. Première région agricole de France, elle s'affiche aussi par exemple en haut du classement de l'accueil des tournages de fictions audiovisuelles. Deux types d'activité bien différentes qui illustrent l'extrême diversité de cet espace géographique. Allons à sa découverte !

Emblème de la région

La deuxième région de France métropolitaine par sa surface (72 724 km², soit l'équivalent de l'Irlande) voit officiellement le jour en 2016, à la suite de la réforme territoriale initiée deux ans auparavant. La nouvelle entité, née de la fusion des anciennes régions Languedoc-Roussillon et Midi-Pyrénées, couvre un espace allant du Bassin aquitain à l'ouest, au Rhône et à la Méditerranée à l'est, du Massif central au nord, aux Pyrénées au sud. La nouvelle appellation souligne que nous sommes ici sur les terres de la langue d'oc, ou occitan... à l'exception notable du département des Pyrénées-Orientales, au sud-est, qui recouvre peu ou prou la partie nord de l'historique Catalogne. Plus d'un tiers de ses habitants y parlent d'ailleurs encore le catalan. Voilà qui explique la polémique que suscitera le nouveau nom du côté

Vue panoramique de Montpellier.
SAIKO3P/ISTOCK

de Perpignan et de ses environs – querelle que calmera difficilement l'adoption d'un logo régional associant la croix occitane à douze « pommes » à quatre bandes sang sur fond or, symbolisant la Catalogne.

Si Toulouse et son agglomération de plus d'un million d'âmes s'imposent sans conteste comme la capitale de cette Occitanie du XXIe siècle, Montpellier, ex-chef-lieu du Languedoc-Roussillon, entend bien garder un rôle de premier plan. Un compromis a donc été trouvé au niveau institutionnel : le siège, les administrations et les directions générales du Conseil régional sont installés à Toulouse, tandis que les assemblées délibérantes se tiennent à Montpellier. Ce n'est pas qu'un symbole : les deux métropoles, alliées autant que rivales, sont en effet les moteurs incontournables de leur région, et ce dans tous les domaines.

En termes de dynamisme démographique, la région se classe à la troisième place du pays.

Deux capitales pour une région

Un exemple amusant de la compétition amicale que se livrent ces agglomérations : en septembre 2023, le magazine *L'Étudiant* consacrait Montpellier meilleure ville étudiante de France. Dans ce classement basé sur l'analyse de la qualité de vie, la préfecture de l'Hérault détrônait alors... Toulouse (lauréate tout de même sept fois depuis 2013) ! Toutes deux sont en effet des pôles universitaires majeurs. Ensemble, elles abritent 75 % de la quarantaine d'établissements d'enseignement supérieur de la région académique et captent plus de 70 % des 270 000 étudiants inscrits à la rentrée 2023 – dont 147 000 rien qu'à Toulouse, située ainsi au quatrième rang des villes françaises. Les deux seules autres universités de la région, à Perpignan et Nîmes, rassemblent à peine 15 000 inscrits.

D'un point de vue démographique, la région affiche un dynamisme remarquable : + 0,7 % entre 2014 et 2020, troisième meilleur score en France, premier si on s'en tient à l'Hexagone. L'Occitanie est désormais la quatrième région la plus peuplée de France. Et elle le doit d'abord à ses capitales. ●●●

HOLLYWOOD SUR **HÉRAULT ?**

▶ **Première région de France pour les tournages de fictions audiovisuelles, l'Occitanie ne compte pas en rester là. Le lancement d'un nouveau projet, Pics Studio, implanté dans les environs de Montpellier, se présente comme « l'un des plus grands projets industriels jamais réalisés en France dans le domaine du cinéma et de l'audiovisuel ». L'objectif ? Bénéficier d'une offre et d'un environnement attractifs pour des productions internationales.**
Les trois sites, dont l'ouverture est prévue pour 2026, viennent de commencer à sortir de terre à Saint-Gély-du-Fesc, Pérols et Fabrègues. Ils offriront douze plateaux de tournage et un écosystème dédié à l'audiovisuel : les supports pour le son et la post-production, une structure de formation, des lieux d'hébergement pour les équipes de tournage et des salles de projection. Un chantier de 180 millions d'euros, financé par des fonds privés. ■

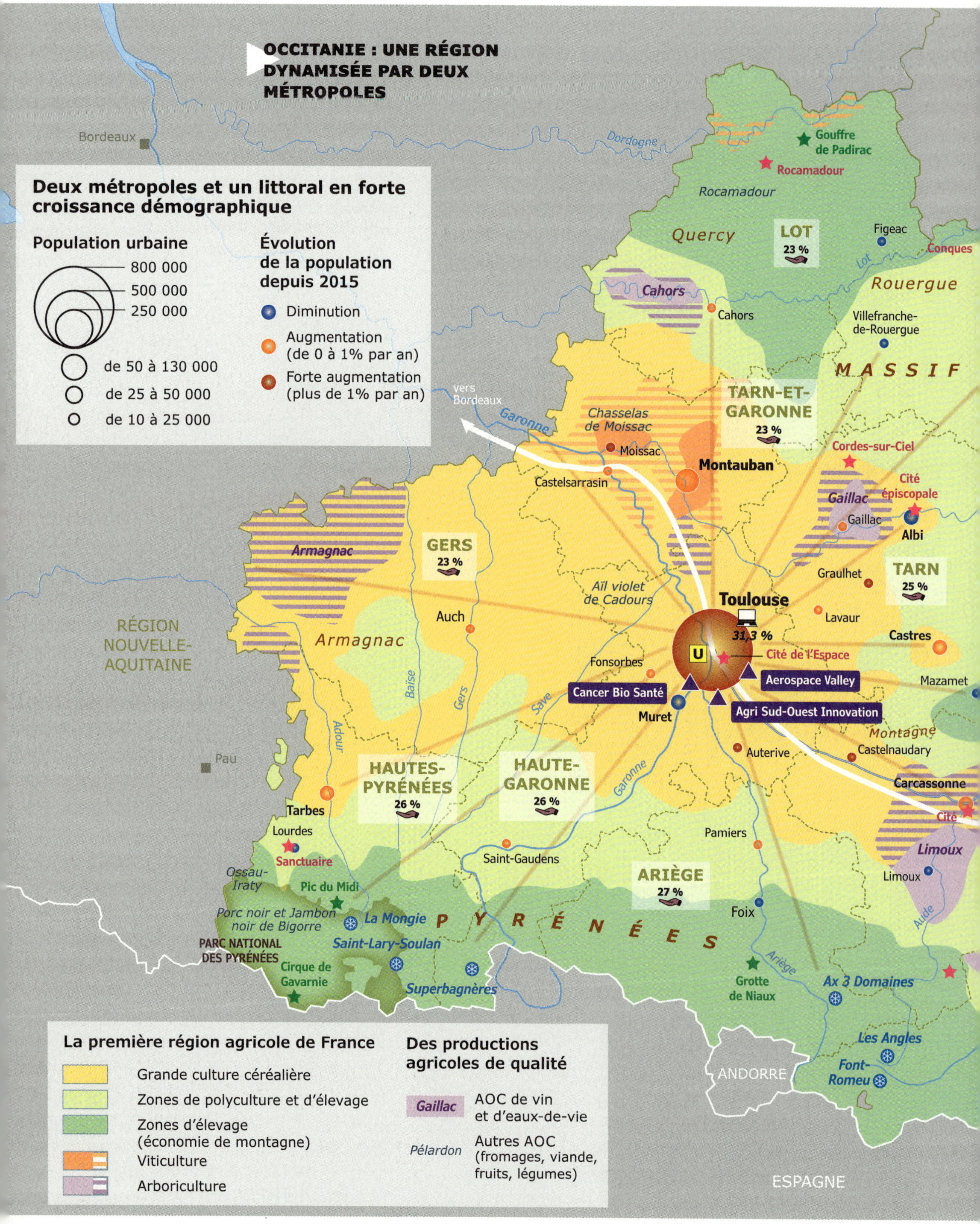
OCCITANIE : UNE RÉGION DYNAMISÉE PAR DEUX MÉTROPOLES
Deux métropoles et un littoral en forte croissance démographique
Population urbaine
800 000
500 000
250 000
de 50 à 130 000
de 25 à 50 000
de 10 à 25 000
Évolution de la population depuis 2015
Diminution
Augmentation (de 0 à 1% par an)
Forte augmentation (plus de 1% par an)
La première région agricole de France
Grande culture céréalière
Zones de polyculture et d'élevage
Zones d'élevage (économie de montagne)
Viticulture
Arboriculture
Des productions agricoles de qualité
Gaillac
AOC de vin et d'eaux-de-vie
Pélardon
Autres AOC (fromages, viande, fruits, légumes)
Bordeaux
Dordogne
Gouffre de Padirac
Rocamadour
Rocamadour
Quercy
LOT
23 %
Figeac
Conques
Lot
Rouergue
Cahors
Cahors
Villefranche-de-Rouergue
MASSIF
vers Bordeaux
Garonne
Chasselas de Moissac
Moissac
TARN-ET-GARONNE
23 %
Cordes-sur-Ciel
Montauban
Castelsarrasin
Cité épiscopale
Gaillac
Gaillac
Albi
Armagnac
GERS
23 %
Graulhet
TARN
25 %
Aïl violet de Cadours
Toulouse
Lavaur
RÉGION NOUVELLE-AQUITAINE
Auch
Armagnac
31,3 %
Castres
U
Cité de l'Espace
Fonsorbes
Aerospace Valley
Mazamet
Cancer Bio Santé
Baïse
Gers
Save
Muret
Agri Sud-Ouest Innovation
Montagne
Adour
Castelnaudary
Pau
Auterive
HAUTES-PYRÉNÉES
26 %
HAUTE-GARONNE
26 %
Garonne
Carcassonne
Cité
Tarbes
Lourdes
Pamiers
Limoux
Sanctuaire
Saint-Gaudens
Limoux
Ossau-Iraty
ARIÈGE
27 %
Pic du Midi
Porc noir et Jambon noir de Bigorre
La Mongie
PYRÉNÉES
Foix
Aude
PARC NATIONAL DES PYRÉNÉES
Saint-Lary-Soulan
Ariège
Cirque de Gavarnie
Superbagnères
Grotte de Niaux
Ax 3 Domaines
Les Angles
ANDORRE
Font-Romeu
ESPAGNE

Des atouts naturels au cœur de l'économie du tourisme
Stations balnéaires
Stations de montagne
Sites naturels
Sites culturels
Les espaces naturels préservés
Parcs nationaux
Parc naturel marin
Les axes de communication
Principaux axes routiers et ferroviaires
Ports
Deux métropoles très dynamiques qui masquent les difficultés des territoires périphériques
Deux métropoles tournées vers le tertiaire supérieur
Pôles de compétitivité
Universités, grandes écoles
Part des cadres et des professions intellectuelles supérieures
Aires d'attraction des 2 métropoles
Chômage et pauvreté des territoires
AUDE
Département où le taux de chômage est supérieur à 10 % (début 2024)
33 %
Taux de pauvreté des moins de 30 ans par département en 2021
RÉGION AUVERGNE-RHÔNE-ALPES
Salers
Bleu d'Auvergne
LOZÈRE
20 %
Gévaudan
Laguiole
AVEYRON
21 %
Mende
PARC NATIONAL DES CÉVENNES
Onet-le-Château
Rodez
Bleu des Causses
Gorges du Tarn
Oignon doux des Cévennes
CENTRAL
Pélardon
Trimatec
Pont-Saint-Esprit
Grands
Viaduc de Millau
Millau
Mont Aigoual
Cévennes
Alès
Bagnols-sur-Cèze
Tarn
Causses
Gardon
Pont du Gard
Roquefort
Larzac
Cirque de Navacelles
GARD
29 %
Arènes
Villeneuve-lès-Avignon
Avignon
Nîmes
RÉGION SUD
Pélardon
Hérault
Pic Saint Loup
HÉRAULT
31 %
Saint-Gély-du-Fesc
Montpellier
Costières de Nîmes
Rhône
Aqua Valley
25,2 %
Lunel
Orb
Faugères
Languedoc
Aigues-Mortes
Camargue
vers Lyon
vers Marseille et Nice
Pézenas
Frontignan
La Grande-Motte
Saint-Chinian
Mèze
Frontignan
Port-Camargue
Noire
Pélardon
Béziers
Sète
Minervois
Midi
Agde
Marseillan
Marseille
Canal du
Cap d'Agde
Mer Méditerranée
Narbonne
La Clape
Valras-Plage
Lézignan-Corbières
Narbonne-Plage
Gruissan
Corbières
Réserve africaine de Sigean
Port-la-Nouvelle
AUDE
32 %
Fitou
Port Leucate
PARC NATUREL DU GOLFE DU LION
Châteaux cathares
Perpignan
Têt
Canet-en-Roussillon
Pôle Derbi
Saint-Cyprien
Saint-Cyprien
Abricot rouge du Roussillon
Argelès
Argelès-sur-Mer
Port-Vendres
Collioure
Roussillon
Banyuls
PYRÉNÉES-ORIENTALES
33 %
vers Barcelone

Travail dans les vignes dans la Vinadie, près de Figeac. OFFICE DU TOURISME DE FIGEAC- OTG-L. BERTON

●●● Toulouse *intramuros* a franchi en 2021 le seuil des 500 000 habitants, Montpellier celui des 300 000. Les aires d'attraction de Toulouse et de Montpellier représentent désormais plus d'un tiers des quelque six millions d'Occitans ! À l'inverse, à Nîmes et à Perpignan, les seules autres communes de plus de 100 000 habitants de la région, la population diminue de manière constante ces dernières années.

Industrie de pointe et chômage

Sans surprise, les deux mastodontes de la région portent également très largement son économie. Les zones d'emploi de Toulouse et Montpellier concentrent à elles deux 40 % de l'emploi régional (27 % pour la première, 13 % pour la seconde). Elles ont pour point commun d'être tournées vers des industries modernes et innovantes. Ainsi Montpellier s'est beaucoup développée autour des NTIC et du multimédia. Le groupe Dell, troisième constructeur d'ordinateurs dans le monde, y est implanté. Quant à la bonne santé de l'économie de la préfecture de la Haute-Garonne, elle est principalement liée aux industries de pointe de l'aéronautique et du spatial, incarnées par la présence du géant Airbus. Plus de 25 000 salariés qui font de Toulouse la capitale européenne incontestée de l'aéronautique et du spatial.

Derrière ces deux championnes, le constat est bien moins idyllique. En effet, la région Occitanie est la troisième région la plus pauvre de France : 16,8 % de la population y vit en dessous du seuil de pauvreté, contre une moyenne nationale de 14,5 %. L'Aude, l'Hérault, le Gard et les Pyrénées-Orientales figurent, avec un taux de chômage au-dessus des 10 %, parmi les départements plus pauvres. Les Pyrénées-Orientales accueillent même le plus grand nombre d'allocataires du revenu de solidarité active (RSA) par habitant de l'Hexagone...

Première région agricole de France

Pour rééquilibrer la situation, la région pourrait s'appuyer sur son agriculture. Avec plus de 64 000 exploitations sur son territoire, 166 000 emplois et 7 milliards d'euros de chiffre d'affaires, l'Occitanie est, nous l'avons dit, la première région agricole du pays. Elle se classe première pour les grandes cultures (céréales et cultures fourragères en tête), l'élevage des ovins (un tiers des effectifs français et les trois quarts de la production de lait) ou l'apiculture.

Concernant la viticulture, véritable locomotive de l'agriculture locale, l'Occitanie se classe en tête, au niveau mondial, en termes de superficie pour les vins à appellation d'origine bénéficiant d'une protection. Cahors, pic saint-loup, saint-chinian, gaillac, rivesaltes, banyuls... pour ne retenir qu'une poignée de ses appellations d'origine contrôlée (AOC) parmi les plus réputées. Rien de très étonnant dans cette zone où l'implantation de la vigne remonte à l'Antiquité !

L'Occitanie peut également compter sur le tourisme qui pèse pour plus de 10 % de son PIB. Durant l'été 2023, elle a été la troisième région la plus fréquentée, juste derrière la Nouvelle-Aquitaine voisine et l'Île-de-France,

10 % du PIB provient du tourisme, et un emploi salarié sur quinze lui est lié.

avec 13,1 millions de visiteurs. En moyenne, un emploi salarié sur quinze est lié au tourisme qui génère près de 16 milliards d'euros de recettes annuelles. On pense évidemment à l'attrait exercé par les quelque 220 kilomètres de son littoral méditerranéen, une côte aménagée à partir des années 60 pour accueillir un tourisme de masse. De fait, celle-ci écrase les autres destinations, avec pas moins de vingt stations balnéaires florissantes telles que Le Cap d'Agde, La Grande-Motte, Port-la-Nouvelle... ou encore Argelès-sur-Mer, dans les Pyrénées-Orientales, ville qui concentre le plus grand nombre de campings d'Europe (près de soixante sur la commune) !

Mais la Méditerranée n'est pas le seul atout de l'Occitanie. Avec ses deux chaînes de montagnes, elle compte d'importantes stations de ski comme Saint-Lary, Font-Romeu ou le Grand Tourmalet, plus grand domaine skiable des Pyrénées françaises. Auxquels s'ajoutent de nombreux sites d'exception attirant les foules. Citons le pont du Gard, le viaduc de Millau, le canal du Midi, Rocamadour... et la magnifique cité médiévale de Carcassonne, qui fait partie des cinq monuments nationaux les plus fréquentés en France, avec près de 600 000 visiteurs l'an dernier, et est classée au patrimoine mondial de l'Unesco.

Un autre endroit fait bondir les statistiques régionales : une commune d'à peine 13 500 âmes qui revendique trois millions de visiteurs en 2023 ! Mais les raisons de ce succès sont un peu particulières, puisqu'il s'agit de Lourdes. La cité des Hautes-Pyrénées tire bien évidemment profit du tourisme religieux et de son statut de haut lieu de pèlerinage catholique – le troisième au monde – depuis que Bernadette Soubirous affirma y avoir été témoin d'apparitions de la Vierge Marie en 1858.

Engagée dans la transition écologique

Pour l'avenir, l'Occitanie ne compte pas sur un quelconque miracle ! Pas plus qu'elle n'entend se reposer uniquement sur la vitalité de ses deux capitales. La région semble *a priori* prête à réduire les fortes inégalités de son territoire. Et à répondre aux grands enjeux de notre temps. Consciente de l'urgence écologique, elle se positionne ainsi désormais au deuxième rang des régions accueillant des investissements dans des filières de transition climat, surfant sur ses atouts indéniables pour le développement des énergies renouvelables (ensoleillement, vent...). Elle mise également de plus en plus sur un tourisme durable, en cherchant à réduire toujours plus son impact environnemental et social. Enfin, elle a déjà bien entamé la transition vers l'agriculture biologique. Avec plus de 13 000 sites certifiés pour quelque 650 000 hectares, elle accueille une exploitation française bio sur quatre. Ce qui en fait tout simplement la première région bio du pays. Prometteur pour la suite. ■

UN PORT DANS **LE VENT**

▶ Situé dans l'Aude, entre Narbonne et Perpignan, Port-la-Nouvelle est en pleine transformation depuis 2017. Ce petit port (le seizième de l'Hexagone en termes de marchandises) a l'ambition de devenir LA référence de l'éolien flottant en Méditerranée et un modèle de transition énergétique. Profitant d'une zone très venteuse, il s'est engagé dans la construction de fermes éoliennes *offshore* et d'une usine à hydrogène. Le parc, qui devrait être pleinement opérationnel en 2028-2030, contribuerait ainsi à hauteur de 40 % des objectifs régionaux d'énergie éolienne d'ici 2050. Le futur Port-la-Nouvelle prévoit aussi un agrandissement de 200 hectares et l'approfondissement des bassins, permettant d'accueillir davantage de trafic. Le budget de l'ensemble du projet est estimé à 400 millions d'euros. Mais il ne fait pas que des heureux. Les craintes des habitants et des associations locales portent sur l'évolution de la biodiversité, le niveau des dépenses publiques et de la fréquentation de la station balnéaire. ■

ENES KANTER FREEDOM, BASKETTEUR AU SERVICE DE LA LIBERTÉ

« C'est un combat qui me dépasse, qui dépasse le basketball et la NBA. Je n'ai aucun regret. » Écarté de la NBA en 2022 pour ses prises de position contre le régime chinois, Enes Kanter Freedom a troqué sa carrière de sportif pour se consacrer à la défense des droits de l'Homme.

PROPOS RECUEILLIS PAR **LILI AURIAT**, JOURNALISTE

RIEN NE PRÉDISPOSAIT Enes Kanter Freedom à opérer un virage de carrière aussi brutal et fondamental. Comment ce basketteur vedette de la NBA s'est-il retrouvé, il y a un an et demi, sur la liste des terroristes recherchés par le ministère turc de l'Intérieur ? L'histoire de ce trentenaire, qui a grandi en Turquie, croise celle de l'internationalisation du sport et de la revendication des droits humains.

Enes Kanter a déjà 13 ans lorsqu'il opte pour le basketball après avoir tenté le football. Il s'en amuse : « J'étais trop lent et trop grand, je finissais toujours dans les cages. » Avec ses deux mètres huit, il rejoint les meilleurs clubs de Turquie et rêve d'intégrer la NBA. C'est chose faite en 2011, lorsqu'il traverse l'Atlantique pour rejoindre l'équipe des Jazz de l'Utah. Il fait floquer son maillot du numéro 0. « Pour rester humble », nous dit-il. Sa carrière s'accélère lorsqu'il est appelé chez les Knicks de New York, puis les Celtics de Boston. Mais c'est loin de là que survient l'événement qui va bouleverser sa carrière : en 2016, un coup d'État éclate en Turquie.

De star de basket aux États-Unis à ennemi public en Turquie

Fethullah Gülen, à l'origine du mouvement Gülen, est un imam influent en Turquie. Proche du gouvernement d'Erdogăn au début des années 2000, il finit par prendre position contre lui, notamment sur la gestion du conflit kurde. Ainsi, quand le coup d'État éclate, Recep Erdogăn accuse immédiatement Gülen avant de lancer une sévère répression contre ses sympathisants et des milliers de personnes sont contraintes de fuir la Turquie.

Enes Kanter Freedom – qui s'appelle à l'époque Enes Kanter – et sa famille sont des proches de ce mouvement. Le jeune homme rencontre régulièrement l'imam qui vit aux États-Unis depuis 1999. Il est avec lui le soir du coup d'État. « C'est à ce moment que j'ai décidé de m'exprimer publiquement contre Erdogăn, pour rétablir la vérité », raconte-t-il. Quelque temps après, les autorités turques émettent un mandat d'arrêt national contre le jeune homme et annulent son passeport. Son père, resté en Turquie, est arrêté et condamné à quinze ans de prison. Il sera finalement libéré en 2020, au bout de deux ans.

Après sa déchéance de nationalité, le basketteur demande la nationalité américaine et fait rajouter à l'occasion « Freedom » à son nom original, Enes Kanter. Pour lui, il est « important que les gens voient et comprennent le mot liberté ». Mais ce n'est pas un rejet de ses origines turques. « Je n'ai aucun problème avec mon pays, avec mon drapeau, avec mon peuple », assure-t-il. « Mon problème, c'est le régime d'Erdogăn. Je reviendrai, une fois le régime parti. Je serai avec ma famille, je passerai à nouveau du temps avec mes voisins. Mais pas maintenant. »

Pour l'instant, il n'est pas en mesure de retourner dans son pays d'origine. Il peut à peine entretenir des contacts avec sa famille, surveillée par le gouvernement. Il le regrette : « Je sais que ma mère, mon père et ma sœur sont très isolés, mais les joindre rendrait la situation encore plus compliquée pour eux. » Dernière avanie, en janvier 2023, le ministère de l'Intérieur turc place Kanter Freedom sur la liste des terroristes recherchés et met sa tête à prix. Il choisit d'en rire : « 500 000 dollars ! Je dois avouer qu'une partie de moi a été flattée. »

Désormais, le basketteur ne se déplace plus sans son propre garde du corps, un ancien policier turc qui a dû fuir le pays après le coup d'État. En 2017, il échappe de justesse à une tentative d'enlèvement lors d'un stage de basket : « Depuis, je fais toujours attention à qui je parle, avec qui je prends une photo », nous confie-t-il.

Après plusieurs années de prise de position contre le régime d'Erdogăn, Enes Kanter Freedom s'engage pour une nouvelle cause. En 2021, il publie une vidéo sur les réseaux sociaux dans laquelle il qualifie le président chinois Xi Jinping de « brutal dictateur ». Il dénonce l'occupation de la Chine au Tibet et le génocide des Ouïghours. Le lendemain, il foule le parquet du Madison Square Garden avec une paire de baskets « Free Tibet », dessinées par l'artiste chinois Badiucao. Le géant du streaming chinois, ●●●

Qualifié de terroriste par la Turquie, il ne se déplace plus sans garde du corps.

Enes Kanter lorsqu'il jouait chez les Boston Celtics en 2021. BOSTON CELTICS

Enes Kanter Freedom à Marseille, en juin 2024. LILI AURIAT

●●● Tencent, interrompt immédiatement la diffusion du match. Jusqu'à nouvel ordre, tous les matchs des Celtics sont interdits de retransmission en Chine.

Ces rétorsions entraînent d'importantes pertes économiques pour la NBA qui vend chaque année à la Chine pour près de 500 millions de dollars de droits télévisés. Mais, dès les matchs suivants, Enes Kanter Freedom persiste avec de nouvelles chaussures : « Free China » et « Nike hypocrite, esclavagiste des temps modernes », peut-on lire dessus. Il commence alors à passer plus de temps sur le banc que sur le terrain. Quelques mois plus tard, il est transféré aux Rockets de Houston, avec lesquels il ne disputera pas un seul match.

Enes Kanter Freedom se rend à l'évidence : c'est la fin de sa carrière. Mais il insiste, s'il a arrêté le basketball, ce n'est pas de son plein gré : « Ils m'ont fait arrêter. » Pourtant, il ne regrette rien : « J'étais pleinement conscient des risques que je prenais pour ma carrière et pour ma sécurité lorsque j'ai commencé à prendre la parole. Pendant que je jouais au basket et menais une vie très confortable, des gens à l'autre bout du monde perdaient leur maison, leurs proches, leurs vies. J'ai choisi ma morale plutôt que l'argent. »

Une deuxième carrière de défenseur des droits de l'Homme

Depuis, Enes Kanter Freedom a décidé de se faire le porte-parole de ceux dont on n'entend pas la voix : « Les gens connaissent mon histoire parce que j'ai joué en NBA, mais il existe des milliers d'autres histoires et situations bien pires que la mienne. Des gens en danger simplement parce qu'ils défendent la démocratie, qu'ils tiennent à leur principe », rappelle-t-il. Quand il voyage – et il voyage beaucoup – Enes Kanter Freedom rencontre ceux qu'il appelle ses « amis turcs », les sympathisants du mouvement Gülen qui ont dû fuir la Turquie d'Erdoğan. « Je suis dans le même bateau qu'eux. Alors j'essaie de leur montrer qu'ils ont choisi le bon combat, qu'ils défendent la vérité », précise-t-il. Pleinement dédié à la défense des droits de l'Homme, il travaille étroitement avec le Congrès américain pour la libération des prisonniers politiques dans le monde. Il est récompensé à de multiples reprises pour son engagement et en 2022, il est proposé pour le Prix Nobel de la paix par un député norvégien. Près de trente lauréats en profitent pour prendre sa défense face à la NBA, demandant à l'organisation de se placer « du bon côté de l'Histoire ». Il se souvient : « Être nominé pour le prix Nobel m'a fait me sentir incroyablement bien, c'est une chance que tout ce que j'ai accompli soit reconnu par la plus haute commission du monde, mais je ne le fais pas pour un trophée. »

Frileux à l'idée de s'engager en politique, Enes Kanter Freedom préfère pour le moment faire passer

En 2022, son nom est proposé par un député norvégien pour le Nobel de la Paix.

des messages sur le parquet. Depuis deux ans, il travaille à la fondation de la Abrahamic Athletic Academy, une école de basketball pour rassembler des enfants de différentes religions. Son lancement, soutenu par des mosquées, temples et églises, est prévu en 2025 aux États-Unis. Cela devrait permettre, assure-t-il, l'implantation d'écoles dans des zones où les niveaux d'antisémitisme et de sectarisme anti-musulman sont élevés. Pour le basketteur, « le sport est l'un des meilleurs moyens d'atteindre les enfants du monde entier ». « Nous n'avons qu'un seul monde dans lequel vivre ensemble, peu importe notre religion, notre couleur de peau. Qui que nous soyons, quelle que soit notre origine, nous devons l'améliorer. Ensemble, c'est le mot-clé », conclut-il. ■

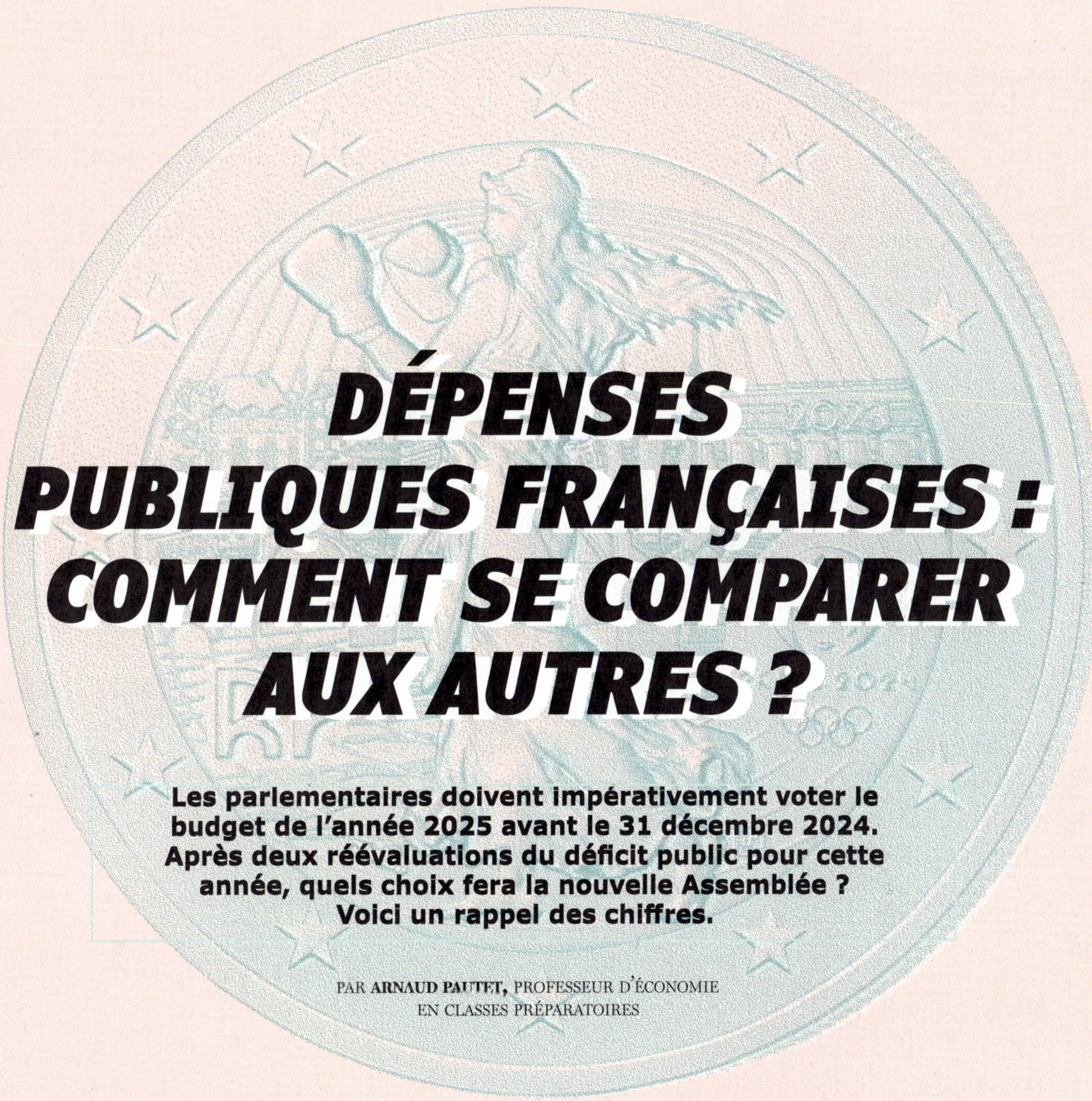

DÉPENSES PUBLIQUES FRANÇAISES : COMMENT SE COMPARER AUX AUTRES ?

Les parlementaires doivent impérativement voter le budget de l'année 2025 avant le 31 décembre 2024. Après deux réévaluations du déficit public pour cette année, quels choix fera la nouvelle Assemblée ? Voici un rappel des chiffres.

PAR **ARNAUD PAUTET,** PROFESSEUR D'ÉCONOMIE EN CLASSES PRÉPARATOIRES

DR

LE BUDGET DE LA FRANCE sera débattu au Parlement dans un contexte particulièrement compliqué cet automne. Tout d'abord, une procédure de déficit excessif a été déclenchée le 26 juillet 2024 contre la France par la Commission européenne. La croissance décevante de 2023 n'a pas apporté les recettes attendues et le déficit public de la France s'est hissé à 5,5 % du PIB. Le ministre de l'Économie, Bruno Le Maire, a anticipé la sanction en exigeant, dès le 6 mars 2024, une réduction des dépenses publiques de 10 milliards d'euros, avant un coup de rabot supplémentaire en 2025.

●●● Ensuite, les élections législatives provoquées par la dissolution de juin 2024 n'ont pas dégagé une majorité claire à l'Assemblée. Les trois forces arrivées en tête ont présenté aux Français des programmes contradictoires et souvent dispendieux.

Enfin, l'abaissement de la note sur notre dette souveraine le 1er juin 2024 par l'agence Standard and Poor's laisse présager un alourdissement de son coût de refinancement. Une augmentation des taux d'emprunt ferait du service de la dette le premier poste budgétaire de la nation. Ce paramètre pèse sur nos choix collectifs, alors que Bercy refuse toute hausse d'impôts.

Le risque existe de devoir réduire des dépenses essentielles à la cohésion nationale : la transition climatique, l'enseignement supérieur ou les dépenses pour la cohésion des territoires.

Ce pessimisme tranche avec l'apparente bonne santé du pays : décevante, la croissance est néanmoins positive (1 % en 2024). Le chômage recule (7,5 % de la population active), y compris chez les jeunes, et l'inflation reflue. Les investisseurs plébiscitent le pays, témoignant de son attractivité.

Tentons de comparer nos dépenses publiques à celles de nos voisins, puis des États-Unis, de la Chine et du Japon, pour voir si cette inquiétude est justifiée. ■

LES FORCES EN PRÉSENCE

CRÉATION DE RICHESSE, ENDETTEMENT PUBLIC ET DÉPENSES PUBLIQUES COLLECTIVES

	Population en 2024 *(millions d'habitants)*	PIB en parité de pouvoir d'achat *(en dollars/hab)*	Âge médian de la population *(années)*	Budget total *en milliards euros (2024)**	Dépenses publiques collectives hors santé *(en % du PIB)*	Dette brute totale *(en % du PIB)*	Service de la dette *(en % du PIB)*
France	64,6 (métropole)	40 886	42,6	684	26,70 %	111 %	1,88 %
États-Unis	338,3	76 329	38,9	1460	24,61 %	127 %	2,86 %
Allemagne	83,4	48 718	46,8	477	22,80 %	64 %	0,68 %
Japon	124	34 017	49,9	695	19,56 %	252 %	1,42 %
Italie	59	34 776	48,4	726	26 %	143 %	4,36 %
Chine	1425,9	12 720	40,2	3649	25,50 %	87 %	0,94 %
Royaume-Uni	67,5	46 125	40,8	-	26,01 %	106 %	3,30 %

** Les chiffres relatifs au budget des différents États sont fournis par l'administration compétente de chaque pays. Le périmètre couvert par ce budget n'est pas toujours identique, ce qui rend la comparaison délicate, tout comme le taux de change entre les pays.*

Sources : INED - Banque Mondiale - Nippon.com - Statista - Toute l'Europe - OCDE - Fipeco

Le contraste est frappant entre l'Europe et les États-Unis. Le PIB d'un Européen vaut 70 % de celui d'un Américain. Un Français est 16 % moins riche qu'un Allemand, un Italien 15 % moins riche qu'un Français. Un Allemand reste quatre fois plus riche qu'un Chinois. L'inégal dynamisme est aggravé par le vieillissement (Union européenne, Chine, Japon) et le décrochage de l'euro par rapport au dollar depuis 2008.

Les États se sont lourdement endettés pour protéger leurs ressortissants contre les crises (faillites, chômage, inflation, revenus érodés) : la dette française a bondi de 65 à 97 % du PIB entre 2007 et 2012. Le « quoi qu'il en coûte » et la crise énergétique l'ont propulsée à 111 % en 2023. La Grande Bretagne a suivi la même trajectoire avec la crise des *subprimes*, puis le Brexit. États-Unis et Japon sont encore plus endettés. Mais la Réserve fédérale trouve facilement des acheteurs pour ses bons du Trésor en dollars, et la dette japonaise est jugée sûre, car détenue à 90 % par ses résidents. La dette chinoise a explosé avec le Covid (+ 25 points) et la crise immobilière.

On cherche partout à modérer les dépenses collectives pour réduire le niveau de la dette, au prix d'une mise sous tension des secteurs régaliens (armée, sécurité, justice) et d'une moindre ambition face à la transition écologique. ■

ET LA SANTÉ, ÇA VA ?
DÉPENSES DE SANTÉ

	Dépenses courantes de santé au sens international *(DCSi, en % du PIB)*	Dépenses courantes de santé au sens international *(DCSi, en dollars/hab)*	Dépenses sociales publiques/PIB (dépenses de protection sociale)	Reste à charge dans les dépenses de santé
France	12,10 %	6 630 $/hab	31,60 %	8,70 %
États-Unis	18,20 %	12 555 $/hab	22,70 %	11 %
Allemagne	12,70 %	8 011 $/hab	26,70 %	12 %
Japon	11,90 %	5 251 $/hab	24,90 %	11 %
Italie	8,90 %	4 291 $/hab	30,10 %	21 %
Chine	5,38 %	432 $/hab	10,50 %	40 %
Royaume-Uni	11,30 %	4 479$/hab	22,10 %	13 %

En % de l'ensemble des dépenses de santé.
Source : pour la Chine Banque mondiale ; pour les autres OCDE - DREES, chiffres pour 2022

On pense que les dépenses de santé sont plus importantes dans les États européens, dotés d'une sécurité sociale publique, que dans les pays anglo-saxons où dominent les mutuelles de santé privées. Les dépenses publiques de santé ne couvrant qu'une partie du coût total de la santé, il faut ajouter des dépenses privées. Pourtant la dépense ne fait pas l'efficacité : l'espérance de vie aux États-Unis est la même qu'au Costa Rica (77 ans) et reste inférieure à celle du Chili (80 ans) et de la France (82 ans). En revanche, l'espérance de vie des Anglais est la même que celle des Français, nos dépenses totales de santé sont inférieures d'un quart aux leurs. La France se distingue par une prise en charge supérieure des dépenses de santé par l'État social, ce qui se traduit par la faiblesse du reste à charge pour les patients. En Chine, ce dernier est exorbitant, maintient dans la pauvreté une part importante de la population et nourrit les inégalités. ■

LA COURSE AU RÉARMEMENT
DÉPENSES MILITAIRES

Dès le début du XXIe siècle, le monde s'est réarmé, sauf l'Europe qui a attendu la fin des années 2010. Selon le Rapport SIPRI, les dépenses militaires mondiales se sont élevées en 2023 à plus de 2 400 milliards de dollars, une hausse de 6,8 % par rapport à 2022. Il a fallu attendre la guerre en Ukraine pour qu'un effort financier substantiel soit consenti dans les lois de programmation militaires. Sans surprise, États-Unis, Chine et Russie ont été les plus dépensiers. À eux seuls, les États-Unis représentent 68 % des dépenses de l'OTAN et 3,5 fois celles de la Chine. Le Moyen-Orient, dans son ensemble, a dépensé 200 milliards de dollars, l'équivalent de quatre fois les dépenses militaires hexagonales. Israël et la Russie ont augmenté leurs dépenses de 24 % par rapport à l'année précédente. En Europe, la palme de la remilitarisation revient à la Pologne (+75 % par rapport à 2022), devant l'Ukraine même (+51 %). Les sanctions semblent insuffisantes, puisque l'Iran et la Russie parviennent à les contourner pour se réarmer lourdement. ■

Dépenses militaires	*En milliards de dollars*	*En % du PIB*
France	51	1,90 %
États-Unis	916	3,60 %
Allemagne	66,8	1,60 %
Japon	50,2	1,20 %
Italie	35,5	1,50 %
Chine	296	1,65 %
Royaume-Uni	74,9	2,40 %

Sources : Eurostat d'après CIA 2023, SIPRI

L'ÉDUCATION, UNE PRIORITÉ ?

DÉPENSES PUBLIQUES D'ÉDUCATION ET DE RECHERCHE

	Budget dépenses d'éducation (en % du PIB)	Dépense enseignement élémentaire (moyenne, par élève, en dollars, 2019)	Dépense enseignement secondaire (moyenne, par élève, en dollars, 2019)	Dépense enseignement supérieur (moyenne, par élève, en dollars, 2019)	Part de la dépense publique d'éducation accordée à l'enseignement supérieur	DIRD (dép. intérieures de R&D - en % du PIB)	Nombre de brevets triadiques déposés par les États
France	5,20 %	9 310	13 480	18 140	18 %	2,22 %	1 969
États-Unis	5,40 %	13 780	15 540	35 350	28 %	3,46 %	14 545
Allemagne	4,50 %	10 620	14 390	19 610	26 %	3,13 %	4 398
Japon	3,50 %	9 104	11 148	19 289	20 %	3,30 %	16 385
Italie	4 %	10 570	11 560	12 180	19 %	1,45 %	916
Chine*	3,30 %	-	-	-	24 %	2,50 %	Env. 1 200
Royaume-Uni	5,40 %	11 940	13 040	26 690	26 %	2,43 %	1 852

*La Chine n'appartenant pas à l'OCDE, le décompte des dépenses d'éducation (primaire, secondaire, tertiaire) n'a pas pu être retrouvé.
Sources : Banque Mondiale - education.gouv - OCDE - OMPI - CNRS

Des dépenses publiques d'éducation et de recherche dépendent la compétitivité d'une économie, sa capacité à innover et sa croissance. La stratégie de Lisbonne (2001) fixe à 3 % du PIB l'objectif en matière de DIRD. Si les États-Unis, l'Allemagne et le Japon relèvent ce défi, la France et l'Italie sont à la traîne. Quand la France consacre 63 milliards d'euros à sa recherche développement, l'Allemagne en déploie 125 milliards !

La dépense en éducation est plutôt supérieure en France à ce qu'elle est ailleurs, mais elle n'est pas suffisamment dirigée en amont vers l'école élémentaire et en aval vers les formations supérieures. La France dépense 32,4 % moins d'argent par élève du primaire que les États-Unis, 12,4 % moins que l'Allemagne. Les étudiants reçoivent seulement 18 % de la dépense d'éducation totale, contre 24 % ou plus en Allemagne, aux États-Unis ou en Chine. Depuis 2009, la dépense par étudiant du supérieur est passée en France de 13 050 euros à 11 630. Ces écarts se reflètent au classement des demandes de dépôts de brevets triadiques. Dirigée principalement vers le secondaire, la dépense d'éducation en France n'a malheureusement pas enrayé notre dégringolade au classement PISA. ■

ET LA CULTURE DANS TOUT ÇA ?

Il est difficile de comparer les dépenses publiques dédiées à la culture d'un pays à l'autre. La France affecte 1,5 % de son PIB à la culture, sans doute un record mondial. Par comparaison, l'Allemagne y consacre 1,1 %, l'Italie et le Royaume-Uni 0,7 %.

L'Agence japonaise des affaires culturelles, intégrée au ministère de l'Éducation, a bénéficié d'une hausse historique de son budget en 2023 (839 millions d'euros). Mais cela représente très peu par rapport au PIB japonais.

Aux États-Unis, il n'existe pas de ministère de la Culture. Quatre agences sont principalement en charge du financement public de la culture, mais reçoivent moins d'un milliard de dollars d'argent public. L'essentiel de la vie culturelle dépend des legs, du mécénat, etc. ■

Génération SANS TABAC !

Clope de fin ? Depuis vingt ans, les jeunes Français délaissent progressivement la cigarette, ouvrant l'espoir d'une génération sans tabac d'ici 2032.

PAR **LÉA GALANOPOULO**, JOURNALISTE

LA CLOPE n'a plus la cote. Après l'apogée du tabagisme dans les années 2000 – 5 900 milliards de cigarettes fumées dans le monde chaque année au début du deuxième millénaire –, le tabac serait-il tout simplement devenu *has been* ?

Devant les collèges et les lycées, en France comme ailleurs, les jeunes délaissent la clope. À quelques mois de passer le bac, ils sont seulement 15 % à fumer au moins une cigarette par jour. Contre trois fois plus en 2000…

> **Aujourd'hui, 46 % des jeunes de 17 ans ont déjà fumé, contre 78 % dans les années 2000.**

En effet, les quadragénaires étaient 41 % à fumer tous les jours au lycée, ceux qui, dans les années 90 et 2000, pouvaient s'en griller une tranquillement dans la cour du lycée, au fond d'un bar ou au resto. Mieux, « aujourd'hui 46 % des jeunes de 17 ans ont déjà essayé de fumer, contre 78 % dans les années 2000 », se félicite Santé publique France. Dernier chiffre pour illustrer cette chute spectaculaire : seuls 3 % des lycéens en terminale fument plus de dix cigarettes par jour, contre 12 % au début du siècle. « Tout se passe comme si la décrue du tabagisme s'était s'accélérée pour les générations nées à partir de la fin des années 90 », note ainsi l'autorité de santé publique. La génération Z, précurseur ? Ces chiffres ouvrent en tout cas largement la voie à une génération sans tabac.

ADOBE STOCK

Du glamour au glauque

Il faut dire que l'image du tabac s'est largement ringardisée ces vingt-cinq dernières années. Les publicités glamour des années 50 – des femmes libres et rebelles, des médecins ou des dentistes qui recommandent le tabac pour booster sa vitalité – ont été remplacées par des dents pourries, des poumons noircis ou des doigts de pieds amputés sur les paquets de cigarettes.

Le tabagisme est aujourd'hui dénormalisé dans la société, en particulier chez les jeunes qui n'ont connu que le paquet neutre et les messages d'avertissements de santé publique. « Cet effort continu de bannissement de la cigarette de l'espace public semble avoir produit des effets sur les représentations et les comportements, marqués par une défiance grandissante à l'égard du tabac et un changement d'image de la ●●●

●●● cigarette, associée à un produit « chimique » (dévalorisé par rapport aux produits naturels), passée de mode et surtout perçu comme morte », résume ainsi Santé publique France.

En effet, plus personne aujourd'hui n'imaginerait fumer dans un train, sur les bancs de la fac ou au restaurant. Personne non plus n'accepterait qu'à la télévision ou sur les réseaux sociaux, des influenceurs fassent la promotion d'une marque de cigarette. Une débanalisation salvatrice, alors que le tabac reste la première cause de mort évitable dans le monde et l'une des drogues les plus addictogènes.

Nés après 2009 ? Plus de tabac !

De l'autre côté de la Manche, les Anglais veulent aller un cran plus loin en interdisant purement et simplement la vente de tabac à tous les jeunes nés après 2009 ! Un projet d'interdiction voté en avril 2024 à une large majorité, qui pourrait s'appliquer dès 2027. L'idée des Britanniques est ainsi d'augmenter chaque année d'un an l'âge de vente de tabac, pour arriver à une disparation presque intégrale du tabagisme en 2040. Une arme de plus dans un pays déjà largement au-dessus du lot en matière de lutte contre le tabagisme. Avec un paquet parmi les plus chers d'Europe – l'équivalent de 15 euros – le Royaume-Uni a observé une chute drastique de la consommation de cigarettes, passant même sous la barre des 13 % de fumeurs quotidiens, soit presque deux fois moins qu'en France. En vingt-cinq ans, l'Angleterre est ainsi passée de 37 % à 12,4 % de fumeurs. Un exploit ! À 18 000 kilomètres de là, la Nouvelle-Zélande envisage aussi très sérieusement d'interdire la vente de cigarettes à la génération de 2009. Et le pays des kiwis entend aller plus loin en réduisant carrément le nombre de points de vente – chute de 90 % des magasins distributeurs de tabac – et en commercialisant des cigarettes à très faible teneur en nicotine. Du jamais vu dans le monde, même si ces projets (votés pour une application en 2024/2025) pourraient être repoussés ou abandonnés par le nouveau gouvernement conservateur. En Australie, depuis le 1er juillet, les cigarettes électroniques ne sont plus disponibles qu'en pharmacie.

Et dans l'Hexagone ? Les autorités de santé souhaitent qu'en 2032, les enfants nés depuis 2014 deviennent la première génération d'adultes non-fumeurs (< 5 % de fumeurs). Huit ans donc pour inverser la tendance. Comment s'y prendre ? En poursuivant les politiques de santé publique qui portent (parfois trop) doucement leurs fruits.

Les objectifs étant fixés, force est de constater que les Français sont à la traîne. Selon l'Organisation mondiale de la santé (OMS), 24,5 % des plus de 15 ans fument tous les jours en France, contre 25,4 % en Russie, 22,5 % en Italie, 17 % au Japon, 11 % en Inde ou encore 6 % au Brésil. De quoi relativiser. Et quand la part de fumeurs chez nos voisins dégringole depuis les années 2000 – politiques d'interdiction du tabac dans les lieux publics aux quatre coins du monde, combinées à des hausses de prix – la France, elle, stagne. Ainsi, entre 2000 et 2023, le Japon et les USA ont divisé leur nombre de fumeurs par deux, le Royaume-Uni par quatre et l'Inde par cinq, tandis que le recul n'était que de 6 % côté français.

En France, les premières interdictions

Et pourtant, depuis les années 70, les gouvernements français n'ont pas tous manqué de volontarisme, à commencer par Simone Veil qui, en 1975, actait pour la première fois l'interdiction de la publicité pour le tabac et imposait la mention « abus dangereux » sur les paquets de cigarettes. Le tabac disparaît aussi des couloirs des hôpitaux. La ministre de la Santé entendait ainsi lutter contre l'explosion de la consommation de tabac, en particulier chez les femmes.

La loi Évin marque un coup d'arrêt en interdisant de fumer dans les lieux collectifs et les transports.

Rappelons toutefois que jusqu'en 1972, l'État français distribuait gratuitement des paquets de cigarettes aux conscrits.

Quinze ans plus tard, c'est la loi Évin qui vient marquer un nouveau coup d'arrêt en interdisant de fumer dans les lieux collectifs et les transports, en dehors des espaces fumeurs. En 2007, l'interdiction de fumer est généralisée à tous les lieux publics, bars, restaurants, boîtes de nuit, faisant disparaître les désormais désuètes « zones ●●●

	FRANCE	ROYAUME-UNI	NOUVELLE-ZÉLANDE	PAYS-BAS	AUSTRALIE
PART DE FUMEURS QUOTIDIENS (EN %)	24,5	12,4	8	17	12
INTERDICTION	› **Interdiction de fumer** dans les lieux publics › **Interdiction de fumer** dans sa voiture en présence d'un mineur	› **Interdiction de fumer** dans les lieux publics › **Interdiction de fumer** dans sa voiture en présence d'un mineur	› **Interdiction de fumer** dans les lieux publics › **Interdiction de fumer** dans sa voiture en présence d'un mineur	› **Interdiction de fumer** dans les lieux publics	› **Interdiction de fumer** dans les lieux publics › **Interdiction de fumer** dans sa voiture en présence d'un mineur
PRÉVENTION	› **Remboursement des substituts nicotiniques** › **Mois sans tabac,** paquet neutre	› **Programme d'aide au sevrage,** paquet neutre	› **Objectif de réduire le nombre de points de vente de 90 %,** de réduire la teneur en nicotine des cigarettes, paquet neutre	› **Programme d'aide au sevrage, campagne « génération sans tabac »** soutenue par la population, paquet neutre	› **Premier pays à avoir mis en place le paquet neutre en 2012,** programme d'aide au sevrage
PRIX DU PAQUET DE CIGARETTES	12 €	15 €	21 €	8 €	Autour de 25 €
OBJECTIF PROPOSÉ	› **Génération sans tabac en 2032**	› **Interdiction de la vente de tabac** aux jeunes nés à partir de 2009	› **Interdiction de la vente de tabac** aux jeunes nés à partir de 2009	› **Réduire la proportion de fumeurs à moins de 5 %** de la population du pays, d'ici 2040	› **Atteindre les moins de 5%** de fumeurs d'ici 2030

●●● fumeurs ». Deux ans plus tard, l'interdiction de la vente passe de 16 à 18 ans, puis en 2017, le paquet neutre entre en vigueur. Le « mois sans tabac » voit le jour et les substituts nicotiniques sont remboursés. Autre effet dissuasif, le prix du paquet de cigarettes, 5 euros il y a vingt ans, atteint aujourd'hui les 12,5 euros pour certains.

Interdiction et taxe : le modèle le plus efficace

En matière de lutte contre le tabac et de santé publique en général, les mesures doivent taper fort pour être efficaces. Sans surprise, être informé du danger du tabac ne suffirait pas. « Il a été démontré que simplement être au courant qu'un produit a un effet négatif sur la santé n'est pas suffisant contre les comportements à risques », note Jean-David Zeitoun, docteur en médecine et en épidémiologie clinique. « Sinon la totalité de la population ne mangerait jamais de *junkfood*, ne fumerait pas, ne boirait pas en excès, etc.» illustre le médecin, auteur du livre *Le Suicide de l'espèce* (Denoël, 2023).

Sur le papier, « chaque individu à une marge de liberté sur ses comportements vis-à-vis de sa santé. Mais, malgré l'idéal libéral, ce qui fonctionne le mieux en santé pour orienter les comportements, c'est d'avoir un soutien public », souligne le médecin, citant ainsi l'efficacité « d'un mélange entre interventions légales et économiques ». Interdiction de la publicité, de fumer dans les lieux publics, de vente aux mineurs, instauration du paquet neutre : « Ces interventions légales, cumulées à des taxes (et à des détaxes sur les produits sains), c'est le meilleur modèle d'un point de vue de santé publique, les autres modèles ne marchent pas. »

25

▶ pays dans le monde ont rendu illégal le fait de fumer dans une voiture si un enfant mineur se trouve à l'intérieur (OMS) ■

Et en ce sens, les politiques de lutte contre le tabac ont tout d'exemplaire. Une efficacité qui devrait, selon Jean-David Zeitoun, inspirer l'ensemble des politiques de santé publique plus hésitantes, notamment contre l'obésité. « L'application presque directe de ce qui a été fait pour le tabac en matière de régulation et de taxation serait complètement pertinente. ».

Ces politiques de santé publique seraient donc adéquates car, souligne le médecin, « leur constance oblige l'industrie à s'adapter. Avec des décennies de décalage certainement, mais elle finit par se reconvertir vers des produits moins toxiques ». Et en effet, l'industrie du tabac se repositionne désormais vers la vente de produits contenant de la nicotine,

DURAND FLORENCE/SIPA

mais sans tabac, les substituts nicotiniques, voire... les médicaments. Douce ironie.

Si les politiques publiques sont adaptées, comment expliquer alors le retard pris par

L'industrie se repositionne vers des produits contenant de la nicotine, mais sans tabac.

la France, par rapport à l'Angleterre par exemple ? « Les Anglais savent tenir des plans de santé publique », explique l'épidémiologiste. Aussi peut-être parce que la France, pays frontalier par excellence, subit moins les hausses de prix que nos voisins insulaires qui doivent débourser en moyenne 15 euros pour un paquet de cigarettes, un petit luxe qui peut vite refroidir.

Alors que les Français sont parmi les Européens qui fument le plus, ils sont ceux qui achètent le moins de cigarettes ! Un *french paradox* qui « peut s'expliquer par un prix du tabac plus élevé en France que dans les pays voisins, incitant certains fumeurs à s'approvisionner à l'étranger », explique l'Insee. Un paquet de cigarettes coûte 8 euros en Belgique, 5 euros en Espagne et 6 euros au Luxembourg : une cigarette sur dix grillée en France est achetée à l'étranger.

Doucement mais sûrement pourtant, la génération Z est en passe d'abandonner complètement le tabac. Et pour l'OCDE, c'est certain, la politique « ambitieuse » de la France va payer ! Oui, une génération sans tabac – moins de 5 % de fumeur d'ici 2040 – est possible. L'organisation intergouvernementale estime ainsi que d'ici 2050, 200 000 cancers et 25 millions de maladies chroniques pourront être évités en France, 578 millions d'euros de dépenses de santé économisées, 20 000 emplois supplémentaires créés... Qui dit mieux ?

La vape en question

En vingt ans, l'âge moyen d'initiation au tabac a été repoussé d'un an. Il s'établit à 14,5 ans en 2022, contre 13,4 ans en 2005. Prochain combat pour les autorités de santé, les produits dérivés de la nicotine : la Puff, la Vape, le Snus ou la Sniffy.

En décembre dernier, les députés français ont ainsi voté pour l'interdiction de la Puff, la cigarette électronique jetable. Le Royaume-Uni envisage de taxer davantage la cigarette électronique. Or le sujet est controversé car, si d'un côté elle est accusée d'être une porte d'entrée des jeunes vers le tabac, elle a aussi aidé des millions de fumeurs à s'arrêter.

Et, à rebours du tabac, de l'alcool ou du cannabis, son usage a, au contraire, fortement augmenté à l'adolescence entre 2017 et 2022. À 17 ans, l'expérimentation est désormais majoritaire : 57 % des ados ont déjà vapoté. Culturellement, elle pourrait aussi tendre à « une renormalisation des habitudes tabagiques », selon Santé publique France. Vigilance donc, afin d'arriver aussi à une génération sans nicotine ! ■

LES CHAUSSETTES
Une arme identitaire

Comment la hauteur de la chaussette est-elle devenue un élément de revendication générationnelle entre millennials et GenZ ?

PAR **MARIE-FRANCE CHAMBAT-HOUILLON**, SÉMIOLOGUE, PROFESSEURE EN SCIENCES DE L'INFORMATION ET DE LA COMMUNICATION À L'IFP (UNIVERSITÉ PARIS PANTHÉON-ASSAS), CHERCHEUSE AU CARISM

QUOI DE PLUS COMMUN qu'une paire de chaussettes ? Et d'accessoire puisqu'il est possible de s'en passer lors de la saison estivale ? Sa fonction première étant de protéger les extrémités du corps humain, les historiens de la mode remontent sa trace jusque dans l'antiquité égyptienne. Elle n'est cependant pas anodine. Comme tout élément du vestiaire, sa fonction pratique se voit redoubler d'une fonction symbolique. Si sous l'Ancien Régime, les chaussettes sont un indice de noblesse, plus proche de nous, elles révéleraient l'éventuelle moralité de l'homme politique qui les porte. La chaussette fait donc sens. C'est ce que Roland Barthes dans *Éléments de sémiologie* nomme « la fonction signe » et pour laquelle toute chose utilitaire peut aussi être lue comme un signe : raison pratique et raison symbolique se conjuguent. Ce n'est pas tant la chaussette qui est signifiante, mais son usage social, le fait d'en porter... ou pas. Reste à savoir de quoi les chaussettes sont-elles le signe ?

Le vêtement, marqueur social et générationnel

De façon générale, les vêtements peuvent nous renseigner sur la classe sociale de celle ou celui qui les porte, comme ils peuvent être des signes d'un exercice professionnel : la robe noire fait l'avocat, le bleu de travail l'ouvrier, la blouse blanche le médecin, la toque du cuisinier. Autrement dit, l'habit peut faire le moine. Et c'est parce qu'il le fait, qu'il peut aussi être détourné ou parodié pour tromper, dissimuler ou brouiller l'identité de celle ou celui qui le porte. Tour à tour, le vêtement peut être un marqueur social, professionnel, mais également générationnel, comme le fut le jeans dans les années 60, au moment même où dans la société française, la jeunesse se constituait en catégorie sociale autonome, distincte à la fois de celles de l'enfance et des adultes. Mais les jeunes d'hier étant devenus les séniors d'aujourd'hui, la puissance de revendication identitaire du jeans s'est désormais estompée. Ainsi en est-il de la vie des signes qui, selon les milieux et surtout les époques, voient leur sens évoluer, se reconfigurer.

> **Le signe repose sur ce que la chaussette cache ou montre.**

Et c'est exactement ce qui arrive aux chaussettes depuis que sur TikTok, le compte Phoebe_fitish fait de leur longueur un moyen infaillible pour distinguer les millennials (les personnes nées approximativement entre 1980 et 1995) de la GenZ (celles nées entre 1996 et 2010). Selon Phoebe Parsons, les aînés se reconnaissent aux chaussettes qui dévoilent leur malléole, tandis que les cadets plébiscitent plutôt des chaussettes montantes. Choisir de montrer ou non ses chaussettes, les faire disparaître dans les chaussures ou au contraire, les afficher, témoignerait d'une appartenance générationnelle. De fait, la pertinence de ce système sémiotique – car « les signes sont constitués par des différences », nous rappelle Barthes – ne repose pas sur la présence ou l'absence de chaussettes, mais sur ce qu'elles cachent ou montrent du corps de celle ou celui qui les revêt, indépendamment de toute valeur esthétique ou jugement de goût.

Que cette dialectique du caché/montré départage deux générations n'est pas sans relation au fait que toutes deux ont l'habitude de

Capture d'écran du compte TikTok de Phoebe_fitish. PHOEBE_FITISH

documenter leur vie et d'exposer leurs corps sur les réseaux sociaux. Faut-il en déduire que la GenZ est plus pudique que la génération qui la précède ? Ou bien que pour jouer avec le principe d'exhibition numérique propre aux réseaux sociaux, elle choisit de prendre le contre-pied des millennials en préférant cacher pour mieux (se) révéler ? Ou encore que cette soustraction d'une partie du corps aux regards numériques témoigne d'une certaine lucidité à l'égard des conséquences de ce régime massif d'expositions par les réseaux sociaux, devenant par là même l'expression paradoxale d'une certaine maturité par rapport à ses aînés ? Quoi qu'il en soit, l'expression d'un particularisme générationnel, y compris ayant comme support des chaussettes, demeure somme toute assez conventionnelle, puisque les sociologues nous ont bien expliqué que chaque génération s'affirme en rupture avec la précédente.

Chose peut-être plus surprenante est le succès viral de cette sémiotique générationnelle appliquée aux chaussettes, puisque la vidéo de Phoebe Parsons a été vue plus de 3,7 milliards de fois depuis l'automne 2023. Cette popularité nous semble symptomatique d'une inclination du réseau social à l'égard des enjeux d'appartenance identitaire, non pas dans une perspective classiste traditionnelle, mais bien plutôt générationnelle.

Le retour en grâce des « darons »

Force est de constater qu'une partie du monde TikTok est traversée par des formats qui mettent en scène les identités générationnelles. Ainsi, nombreuses sont les vidéos qui réunissent pères et filles, chantant ensemble en playback sur des airs consacrés de la pop culture ou encore des mères et des fils qui exécutent les mêmes chorégraphies, à l'unisson. Derniers nés des réseaux sociaux, TikTok a été investi par les jeunes, boudant Facebook ou Instagram au moment où leurs ascendants s'en emparaient. Et pourtant, il semble que les parents ne sont jamais bien loin sur TikToK. Quand ce n'est pas leur présence à l'image, c'est leur culture musicale qui est plébiscitée à travers les nombreuses *trends* ou comptes qui saluent « le son des darons » ou célèbrent les manières de danser du siècle dernier. Un parfum de nostalgie habite ces vidéos qui tentent de neutraliser l'écart générationnel entre enfants et parents.

Mais ce sentiment nostalgique est paradoxal dans la mesure où il semble moins émaner des parents, que des jeunes adultes qui voient une sorte d'âge d'or dans la jeunesse de leurs géniteurs. Est-ce la permanence de l'insouciance universelle de la jeunesse que les tiktokeurs, issus de générations éprouvées par de nombreuses crises, rêvent de perpétuer dans cet univers récréatif, presque sans clash, ni polémique ? Par la mise en avant d'une culture divertissante commune, ces vidéos ne sont-elles pas une façon rassurante de prolonger le cocon familial, sorte de pied de nez face à l'inéluctable temps qui s'écoule ? D'ailleurs il semble que TikTok tire son nom occidental du tic-tac des horloges, onomatopée issue d'un imaginaire d'avant la société numérique, car il y a bien longtemps que les montres ou autres réveils n'émettent plus ce bruit particulier de scansion temporelle.

Si, sur TikTok, les jeunes gens qui ont le moral dans les chaussettes tendent d'une part à combler le fossé générationnel avec leurs parents, de l'autre ils revendiquent pour eux des distinctions générationnelles fondées sur la pertinence d'une morale des chaussettes. ■

Le genre, surtout porté sur des artistes américains, continue de séduire les spectateurs.

PAR **BENOIT BASIRICO**, FONDATEUR DU SITE CINEZIK.FR, CHARGÉ DE COURS À LA SORBONNE

AZNAVOUR, BOB DYLAN, SINATRA, Michael Jackson… les amateurs de musique auront de quoi se régaler au cours des prochains mois en se rendant dans les salles obscures. Une salve de biopics musicaux s'apprête à sortir. Ce genre cinématographique en pleine expansion s'attache à relater en fiction la vie d'artistes ayant réellement existé, qu'il s'agisse de raconter l'ensemble de la carrière d'un musicien ou de se concentrer sur une période spécifique.

C'est outre-Atlantique que se développe le genre, dès les années 40, avec des films comme *Rhapsodie en bleu* (réalisé par Irving Rapper, 1945) sur George Gershwin (interprété par Robert Alda) et *Night and Day* (par Michael Curtiz, 1946) sur Cole Porter (interprété par Cary Grant). Et si le biopic musical trouve une longue tradition dans le cinéma américain, c'est en France que le genre est lancé, grâce au pionnier Abel Gance qui réalise *Un grand amour de Beethoven* en 1936, avec Harry Baur. Depuis le succès de *La Môme* d'Olivier Dahan en 2007, les films sont surtout dédiés aux chanteurs. La sortie prochaine de *Monsieur Aznavour* (de Mehdi Idir et Grand Corps Malade, le 23 octobre 2024) prolonge cette tendance.

Des légendes populaires

Derrière la création d'un biopic musical, les motivations sont variées. Certains sont conçus comme un hommage à des artistes récemment disparus. C'est le cas de *Romance inachevée* (Anthony Mann, 1954), qui retrace la vie du chef d'orchestre et tromboniste Glenn Miller (James Stewart), réalisé dix ans après sa tragique disparition. D'autres s'intéressent à des artistes au sommet de leur gloire et surfent sur la vague d'un succès, comme *Quatre garçons dans le vent* (Richard Lester, 1964), sorti en pleine Beatlemania, et capitalisant sur la popularité fulgurante des Beatles. Certains biopics sont inspirés de biographies, comme *Control* (Anton Corbijn, 2007), qui s'appuie sur le livre écrit par Deborah, la veuve de Ian Curtis. D'autres célèbrent un genre musical tout entier. *Bird* (Clint Eastwood, 1988) rend hommage au jazz à travers la vie tumultueuse du saxophoniste Charlie Parker (Forest Whitaker). Ces films s'intéressent aux artistes qui ont marqué la société, célèbres non seulement pour leur musique, mais aussi pour leur influence sur une époque, qui ont fait bouger les lignes. *Maestro* (Bradley Cooper, 2023) sur Leonard Bernstein explore la bisexualité du compositeur américain, tandis que *Rocketman* (Dexter Fletcher, 2019) relate l'homosexualité d'Elton John. À cet effet, les biopics musicaux célèbrent la diversité. Les films sur Freddie Mercury ou Ray Charles ont permis de relater des parcours tumultueux confrontés aux bonnes mœurs. Cette inclusivité passe aussi par une représentation des femmes et des figures queer (*What's Love Got to Do with It* sur Tina Turner, *Respect* sur Aretha Franklin, ou encore *Back to Black* sur Amy Winehouse).

Une profonde incarnation

Le choix de l'interprète d'une icône musicale dans un biopic est un défi de taille. Au-delà de la ressemblance, il s'agit de capturer l'essence même de l'artiste, son charisme et sa présence scénique. La transformation physique peut nécessiter des mois de préparation. Marion Cotillard s'est métamorphosée en Édith Piaf pour *La Môme*, adoptant sa silhouette, sa démarche et sa voix. Cette performance lui a valu un Oscar et un César. Ce fut également le cas pour Sveva Alviti dans *Dalida* ou pour Jérémie Renier dans *Cloclo*. Pour le futur biopic sur Michael Jackson, son neveu Jafaar Jackson l'incarnera à l'écran, facilitant ainsi la ressemblance. L'artiste peut s'impliquer lui-même de son vivant : Ray Charles a choisi lui-même Jamie Foxx pour l'incarner dans *Ray*, Johnny Cash a approuvé Joaquin ●●●

Marisa Abela dans *Back to Black* de Sam Taylor-Johnson. DEAN ROGERS - STUDIOCANAL - FOCUS FEATURES - MONUMENTAL PICTURES

LE BIOPIC MUSICAL
LES CLEFS D'UN SUCCÈS GRANDISSANT

●●● Phoenix pour *Walk the Line*. La ressemblance ne fait pas tout, l'acteur doit également s'approprier la personnalité de l'artiste. C'est ce que Rami Malek a réussi à faire dans *Bohemian Rhapsody* en incarnant un Freddie Mercury à la fois flamboyant et tourmenté. Valérie Lemercier interprète à elle seule Céline Dion à tous les âges de la vie (y compris l'enfance) dans *Aline*. La proximité entre l'interprète et son modèle peut concerner la performance musicale, comme lorsque Marisa Abela reprend elle-même la voix d'Amy Winehouse dans *Back to Black*. Mathieu Amalric a fait un choix singulier dans *Barbara* : les chansons sont interprétées tantôt dans leur version originelle, tantôt par l'actrice (Jeanne Balibar), sans transition, créant une troublante confusion. On assiste à la construction d'une incarnation, quasiment à une réflexion sur ce qu'est un biopic. Le documentaire se mêle à la fiction afin d'injecter du réel, comme avec l'utilisation d'images d'archives (notamment dans *Ray*).

Histoire puissante, musique universelle

Un biopic musical réussi repose sur une histoire captivante, mêlant succès fulgurants et luttes personnelles, abordant des thèmes universels comme l'amour, l'identité et la quête de sens. Dans *Elvis*, on découvre ses premières influences musicales, ses premiers concerts, des scènes clés comme l'enregistrement de sa première chanson, ainsi qu'un montage rapide sur la route de la gloire. Les relations amoureuses jouent parfois un rôle central dans la trajectoire : *The Music Lovers* (Ken Russell, 1971) relate l'amour de Tchaïkovski, *La Môme* raconte la relation d'Édith Piaf avec Marcel Cerdan. D'autres biopics sont plutôt des préquels comme *Nowhere Boy* sur l'adolescence de John Lennon. *Les Reines du drame* (Alexis Langlois, sortie le 27 novembre 2024) parodie ces stéréotypes dans une comédie mettant en scène des icônes queer fictives.

Un biopic innovant évite les clichés, privilégie une narration non linéaire (comme la structure éclatée de *Bird*), se focalise sur une période charnière, ou adopte un point de vue externe. Par exemple, dans *Amadeus*, l'histoire de Mozart nous est contée par un concurrent jaloux, Antonio Salieri. Le point de vue des fans permet de comprendre un phénomène musical, comme dans *Rocketman* où des séquences musicales sont vécues à travers l'expérience d'un fan passionné. Le genre enfin équilibre authenticité et dramatisation, allant du réalisme au fantasmé. Dans *Velvet Goldmine* de Todd Haynes, David Bowie n'est qu'une figure spectrale. *Ludwig van B.* (Bernard Rose, 1994) transforme la vie de Beethoven en une intrigue policière et fantastique.

Le biopic musical met en valeur la musique de l'artiste en le montrant en concert ou en répétition. On découvre comment sont nés les tubes que l'on connaît. *Love & Mercy* sur Brian Wilson des Beach Boys montre l'artiste au travail. Un morceau clé est diffusé plusieurs fois, comme un thème, à différentes étapes (de la sphère intime à la salle de concert), nous permettant de redécouvrir les œuvres, tout en comprenant mieux le contexte dans lequel elles ont été créées. La musique rythme le récit, souligne les émotions avec des chansons souvent réinterprétées pour s'intégrer à la narration, qu'elles soient présentées dans leur forme complète ou sous forme de medleys. *Rhapsody in Blue* prend son titre d'un morceau de Gershwin repris intégralement, tandis qu'*Amadeus* propose des extraits des plus belles œuvres

MONSIEUR AZNAVOUR

Biopic français de Mehdi Idir et Grand Corps Malade. Avec Tahar Rahim et Bastien Bouillon (2h13).

▶ Gageure que de raconter la féconde carrière de Charles Aznavour, l'homme aux 1 300 chansons. Et de trouver l'acteur pour l'incarner, alors que la silhouette gracile, les yeux malicieux et la voix voilée sont encore dans la plupart des mémoires (des plus de 50 ans). Le choix de Tahar Rahim (*Un prophète*) surprend, mais l'acteur parvient à projeter sur l'écran l'essence de son illustre modèle, surtout dans la deuxième partie. Récit d'une vie d'immigré arménien ayant conquis de haute lutte sa place de représentant de la culture française dans le monde, le film de Mehdi Idir et Grand Corps Malade est à la fois un hommage amoureux et un regard acéré sur l'artiste et l'homme qu'il était. Les personnages secondaires (Pierre Roche, Édith Piaf) sont superbement campés et l'ensemble, malgré quelques afféteries, a du souffle. *Emmenez-moi*, chantait Aznavour. C'est fait. ■

ISABELLE DANEL.

Tahar Rahim dans *Monsieur Aznavour* de Mehdi Idir et Grand Corps Malade. ANTOINE AGOUDJIAN

de Mozart. Le pas de côté d'*I'm Not There* consiste à ne proposer que des reprises (*cover*) de Bob Dylan par divers artistes.

L'obtention des droits musicaux est donc cruciale pour un biopic musical, influençant le choix des chansons. Les producteurs (ou superviseurs musicaux) doivent négocier avec les ayants droit pour les utiliser, un processus souvent complexe. Les détenteurs des droits sont garants de la manière dont l'artiste est représenté (droit moral) et peuvent s'opposer à un projet, mais ont aussi un intérêt financier. Par exemple, le succès de *Bob Marley : One Love* a généré une augmentation des écoutes de son catalogue en France. Obtenir l'approbation (ou « validation ») peut permettre d'éviter des conflits, donner de la légitimité au projet, sollicitant même leur rôle de conseiller, mais peut aussi limiter la liberté créative. *Bohemian Rhapsody* a été largement contrôlé par les membres vivants de Queen (Brian May et Roger Taylor) comme producteurs exécutifs. *The Buddy Holly Story* (Steve Rash, 1978) a surmonté des conflits grâce à l'implication directe de la veuve de Buddy Holly.

En France, le succès de *La Môme* a entrainé une résurgence du genre.

Le phénomène continue

Les biopics musicaux sont devenus un phénomène culturel et commercial, combinant plusieurs éléments clés pour garantir leur succès : choix d'un artiste populaire, histoire forte, pertinence de l'interprétation et attrait musical. À quelques exceptions près, le succès commercial est quasi assuré. Ces films dépassent souvent le million de spectateurs en France, comme *Bohemian Rhapsody* (4 372 279), *Elvis* (1 204 686), *Back to Black* (1 098 969) et *Bob Marley : One Love* (1 902 472). Les plateformes embrassent également le phénomène, avec *Maestro* (2023) sur Netflix.

Les projets se multiplient en salle. Le biopic *Michael* est prévu pour avril 2025, celui sur les Bee Gees par Ridley Scott est attendu en 2025, ainsi que des films sur Bob Dylan (Timothée Chalamet dans *A Complete Unknown*), Bruce Springsteen (Jeremy Allen White dans *Deliver Me From Nowhere*) et *Sinatra* (de Martin Scorsese avec Leonardo DiCaprio). Pour les figures françaises, le genre est moins systématique. Le succès notable de *La Môme* (5 millions d'entrées) a entraîné une résurgence timide avec des projets tous les deux à quatre ans : *Gainsbourg (vie héroïque)* (1 148 928), *Cloclo* (1 791 770) et *Dalida* (751 084). Soutenu par l'engouement américain, *Monsieur Aznavour* pourrait marquer une renaissance du biopic musical à la française. ■

TAXONOMIE : LA SCIENCE QUI DÉCRIT ET NOMME LE VIVANT

PAR **LUCIE JUBIN,** AVEC **BENOÎT FONTAINE,** CHERCHEUR AU MUSÉUM NATIONAL D'HISTOIRE NATURELLE

En juillet, le Congrès international des botanistes a été l'occasion de renommer des plantes. Il y aurait 8 à 12 millions d'espèces vivantes sur Terre, dont 2,17 millions seulement sont indentifiées et nommées. Zoom sur la taxonomie, un travail plus complexe qu'il n'y paraît.

EN FRANCE, une nouvelle technologie est particulièrement en vogue pour identifier les espèces vivantes : l'ADNe (ADN environnemental). À partir d'échantillons prélevés sur un territoire (eau, sols, air...), elle parvient à détecter et distinguer les ADN des différentes espèces présentes. Principale limite, seuls les ADN d'espèces connues et répertoriées dans les bases de référence sont identifiés. Il est donc indispensable de tenir des listes de biodiversité complètes.

C'est la mission de Taxref, registre qui inventorie toutes les différentes espèces sur le territoire français (Outre-mer compris). Début 2024, Taxref comptait 691 281 espèces. ■

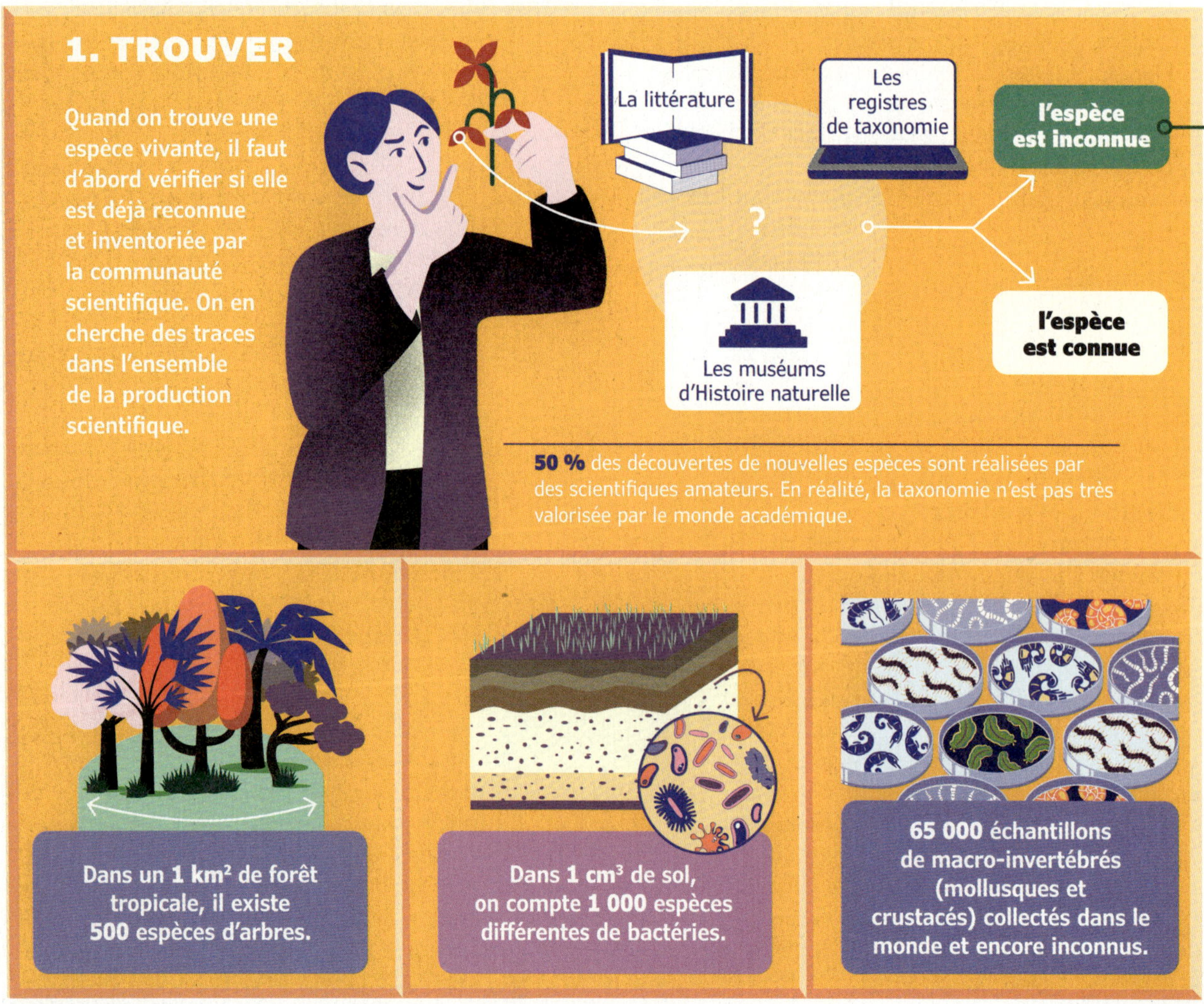

2. DÉCRIRE

Le scientifique décrit l'espèce découverte le plus précisément possible dans un article publié dans une revue scientifique reconnue.

- Caractéristiques physiques
- Traits de comportement
- Localisation géographique
- ADN et patrimoine génétique
- Différences avec d'autres espèces du même genre.

3. NOMMER

Toutes les espèces vivantes trouvées doivent avoir un nom officiel qui respecte les règles du *Code international de nomenclature zoologique*. Reprenant le système du scientifique suédois Linné dans son *Sistema naturae* (1735), il impose un nom en deux mots latins : le premier désigne le genre, le second est un adjectif qui caractérise l'espèce. Si les scientifiques sont assez libres de nommer une espèce au moment de sa découverte, ils ne sont pas autorisés à les baptiser à l'aide de leur propre nom de famille.
Exemples : *Homo sapiens, Scaptia beyonceae* (un insecte australien) ou *Prunus cerasus* (un cerisier).

▶ Parfois, des scientifiques s'aperçoivent *a posteriori* qu'une espèce qu'ils pensaient avoir découverte a déjà été nommée et décrite. Si une même espèce a deux noms différents, le plus ancien est choisi.

La mite *Neopalpa donaldtrumpi* dont les écailles jaunes sur la tête évoquent les cheveux du président américain. WKM

Depuis quelques années, un débat anime la communauté scientifique : faut-il renommer les espèces vivantes qui portent le nom de personnalités historiques infréquentables ? Exemples : *Anophtalmus Hitleri* (un coléoptère) ou *Hypopta mussolinii* (un papillon lybien), ou *Neopalpa donaldtrumpi* (une mite).

CONCLUSION : pourquoi ne connaît-on que 20 % du vivant ?

Parce que certaines régions sont plus difficiles d'accès et certaines espèces difficiles à voir.

Parce que la taxonomie n'est pas une discipline très valorisée par le monde de la science.

Parce qu'il n'existe pas de registre universel qui liste toutes les découvertes d'espèces vivantes. Pourtant, certains scientifiques appellent à une grande mise en commun systématique de toutes les connaissances sur la biodiversité.

VARIATIONS DU VIVANT

WHAT'S YOUR NAME ?

Le 20e Congrès international des botanistes s'est tenu fin juillet 2024 à Madrid. Il y a été décidé que certaines plantes seraient débaptisées en raison de la connotation raciste de leur nom. Dans le monde de la biodiversité, les nomenclatures qui font référence à des personnalités non consensuelles ne sont pas si rares. **Parmi les noms d'organismes vivants qui suivent, lequel n'existe pas ?**

- ○ *Anophthalmus hitleri*
- ○ *Hypopta mussolinii*
- ○ *Abelia poutina*
- ○ *Hibbertia aspera*

RETOUR VERS LE JURASSIQUE

Ces affirmations sont-elles vraies ou fausses ?

1. Cet été, un fossile de dinosaure de plus de 200 millions d'années a été trouvé au Brésil.

VRAI FAUX

2. Du 1er au 6 août 2024, 79 empreintes de théropodes (dinosaures bipèdes) ont été découvertes en Lozère.

VRAI FAUX

3. Selon une étude scientifique parue à l'été 2024, les dinosaures n'étant pas très mobiles, il est impossible de trouver des empreintes de dinosaures similaires sur des continents différents.

VRAI FAUX

CARTOGRAPHIE É-MOUVANTE

Dans une étude parue le 14 août 2024 dans la revue *Frontiers in Marine Science*, on apprend que des chercheurs de l'université d'Adélaïde et du South Australian Research and Development Institute sont parvenus à explorer pour la première fois 5 000 km² au large de la côte sud de l'Australie. Pour ce faire, ils ont fixé des caméras sur le dos de mammifères marins.

Résolvez cette charade pour trouver de quel animal il s'agit.

A. Mon premier est le titre d'un roman de Joseph Kessel, publié en 1958.

B. Mon second est le dernier signe de la formule chimique du dioxyde de carbone.

C. Mon troisième est un homophone de la personne représentant l'autorité municipale en France.

ROBIN DES BOIS DES OCÉANS

Saurez-vous deviner qui se cache derrière cette description ?

- Après avoir commencé par travailler chez Greenpeace, j'ai créé la Sea Shepherd Conservation Society en 1977 pour œuvrer à la protection des écosystèmes marins.
- On estime que les actions de mes équipes ont sauvé la vie de 5 000 baleines.
- En 2012, je suis arrêté en Allemagne, mais je parviens à m'enfuir dans les eaux internationales où je passe quinze mois.
- J'ai été arrêté par la police danoise le 21 juillet 2024, alors que j'étais en mission pour m'attaquer à un marinier japonais.

INDICE : « ÉLÉMENTAIRE, MON CHER... ! »

ON PEUT RESPIRER TRANQUILLEMENT

L'Association écossaise pour les sciences marines a publié fin juillet 2024 les résultats d'une découverte extraordinaire. Qu'ont trouvé les chercheurs au large du Pacifique, entre le Mexique et Hawaï ?

- ○ Un dauphin hermaphrodite
- ○ Une chaîne de volcans sous-marins
- ○ Des minerais qui produisent de l'oxygène
- ○ Des algues qui ne meurent jamais

ENNEMI PUBLIC N°1

Complétez le texte avec les mots ci-dessous. Attention, certains se sont invités par erreur.

Cet été, la Thaïlande a dû faire face à une espèce exotique _________ : le _________ noir.
Ce poisson, capable de vivre en eaux douces et salées, se reproduit très vite. Les femelles peuvent pondre jusqu'à _________ œufs à la fois. Particulièrement vorace, il dévore crevettes, poissons et œufs, représentant un manque à gagner de _________millions d'euros pour l'économie thaïlandaise.
L'éradication de cette espèce est devenue une priorité nationale : le gouvernement paie au kilo toute personne qui les pêchera. Les tonnes de poissons récoltées finiront en _________.

Pâtée pour chien - envahissante - 80 - engrais - Tilapia - 270 - sabre - 500 - progéniture - mortelle - 750

INNOMBRABLES INFOS

RELIEZ CHAQUE HISTOIRE AU CHIFFRE QUI LUI CORRESPOND.

A. 13 000
B. 32 000
C. 104
D. 13
E. 200 millions

F. +150 %
G. 3 200
H. 36 77
I. 235 000
J. 87

1. C'est le nombre de serpents qu'un voyageur portait dans ses poches lorsqu'il a été arrêté par la douane à un poste-frontière entre la Chine et Hong-Kong le 9 juillet 2024.

2. C'est la progression sur cinq ans du nombre de contestations portant sur les notes d'examens nationaux en France.

3. C'est le nombre de lettres qu'un facteur a accumulées chez lui en Isère, car il n'arrivait pas à finir ses tournées. L'homme risque jusqu'à 45 000 euros d'amende et trois ans de prison.

4. En France, c'est le numéro de la nouvelle ligne téléphonique créée pour signaler des cas de maltraitance animale.

5. C'est le nombre de kilogrammes de thon que la délégation olympique australienne a apporté avec elle à Paris pour nourrir ses 460 athlètes pendant les trois semaines de compétition.

6. C'est le nombre de Pass Rails vendus par la SNCF entre le 5 juin et le 17 août 2024. Cette offre estivale réservée aux 16-27 ans permettait de voyager en illimité sur les réseaux TER et Intercités pendant un mois pour 49 euros. Ce chiffre est nettement en dessous de l'objectif des 700 000 fixé par le ministère des Transports.

7. C'est la somme que Hadjer Al-Ali, sans-abri depuis dix-huit mois aux Pays-Bas, a gagnée après avoir restitué un portefeuille oublié dans un train contenant 2 000 €. À la suite de cette bonne action, les autorités d'Amsterdam lui ont offert un bon cadeau de 50 €. Il a raconté son aventure dans une vidéo publiée sur Tiktok vue des dizaines de milliers de fois. Un internaute anonyme a ensuite ouvert une cagnotte en ligne en sa faveur, le remerciant largement de sa générosité.

8. C'est le nombre de requins aiguilles testés positifs à la cocaïne près de Rio de Janeiro. L'origine de la drogue dans les eaux maritimes fait l'objet de plusieurs hypothèses : eaux contaminées déversées dans l'océan par les particuliers ou bien par les laboratoires de raffinage ? Trafic maritime international ? Les chercheurs s'interrogent surtout sur les conséquences pour les animaux et pour l'homme, consommateur fréquent de requin aiguille dans la région.

9. Ce sont les milliards d'euros que le budget général de la France consacre à l'enseignement scolaire en 2024. Cette somme représente environ 10 % de ce budget.

10. C'est le nombre d'exemplaires du *Petit Prince* de Saint-Exupéry vendus dans le monde depuis la mort de l'aviateur-écrivain il y a quatre-vingts ans. Son avion avait été abattu par un pilote allemand, au-dessus de la Méditerranée.

RÉPONSES DES JEUX

C'EST ARRIVÉ PRÈS DE CHEZ VOUS ?

1. La **Thaïlande** est le troisième pays d'Asie, avec le Népal et Taïwan.

2. Il s'agit de **La Mecque** (à l'ouest de l'Arabie saoudite).

3. La **Suède** est l'un des pays les plus généreux et conciliants en congés parentaux. Cette mesure vise à faciliter la vie des grands-parents non retraités qui s'occupent de leurs petits-enfants.

4. Cette tentative de coup d'État a eu lieu en **Bolivie**. Le jour même, le président Luis Arce a fait arrêter le général Zuniga et une quinzaine d'autres personnes.

5. Le Comité international olympique a désigné l'**Arabie saoudite** pour accueillir en 2025 les premiers JO de l'e-sport, une compétition de sports virtuels et simulés.

6. Au **Rwanda**, Paul Kagame a été réélu avec une majorité écrasante. Figure majeure de la sortie du génocide, il a largement réformé le pays et sa constitution. Depuis son arrivée au pouvoir, l'espérance de vie des Rwandais est passée de 47 à 66 ans. Entre 2010 et 2019, le pays a enregistré une croissance moyenne du PIB à 7,9 %. Néanmoins, 40 % de la population vit encore sous le seuil de pauvreté. N'hésitant pas à emprisonner ses opposants politiques et à pratiquer la censure (il n'existe pas de presse libre au Rwanda), Paul Kagame ne fait pas consensus sur la scène internationale.

7. Fin juillet, le président de **l'Indonésie** a dormi pour la première fois dans le palais présidentiel flambant neuf de la nouvelle capitale, Nusantara. La décision de déménager la capitale a été prise pour œuvrer à la décentralisation et pour des raisons environnementales, Djakarta s'enfonçant d'une dizaine de centimètres chaque année. La fin de la construction de cette nouvelle ville est prévue pour 2045… à condition de trouver les 100 000 milliards de roupies nécessaires.

8. **Sainte-Lucie**, une île des Caraïbes, a gagné une médaille olympique au 100 mètres féminin, grâce à Julien Alfred.

9. Le 27 juillet dernier, le Premier ministre **australien** Anthony Albanese a interdit l'exploitation du gisement de Jabiluka, au nord du pays. Découvert dans les années 70, ce gisement s'est retrouvé au centre de batailles juridiques opposant les peuples autochtones et les compagnies minières.

10. Il s'agit du **Danemark**.

11. Il s'agit du Maroc. Le 19 août dernier, le roi Mohammed VI, a pris cette initiative pour permettre aux agriculteurs, s'ils le souhaitent, d'intégrer la nouvelle dynamique de légalisation partielle du cannabis à des fins thérapeutiques et de pouvoir ainsi reprendre leur culture. Selon l'ONU, le Maroc est le premier producteur mondial de cannabis.

12. À cause d'une hausse du taux de chômage à 6,4 %, le **Canada**, qui suivait jusque-là une politique migratoire très ouverte, a décidé de diminuer le nombre de permis de travail provisoires délivrés.

13. À l'occasion du forum Chine-Afrique à Pékin, la **Chine** a annoncé un soutien de 360 milliards de yuans (50,7 milliards de dollars) à l'Afrique. La Chine est le premier partenaire commercial de l'Afrique, qui exporte en priorité des minerais, du pétrole et du gaz. L'Afrique reste un petit fournisseur de matières premières pour la Chine.

14. Il s'agit de la **Serbie**. C'est le troisième pays européen à s'équiper de ces avions de chasse.

VARIATIONS DU VIVANT

WHAT'S YOUR NAME ?

L'*Abelia poutina* n'existe pas. L'*Anophthalmus hitleri* est un coléoptère brun découvert dans les années 30 par un administrateur d'Hitler, l'*Hypopta mussolinii* est un papillon et l'*Hibbertia aspera* tient son nom de George Hibbert (1757-1837), un membre du lobby pro-esclavagiste de Grande-Bretagne.

RETOUR VERS LE JURASSIQUE

1. VRAI. Les nombreuses inondations ont permis de trouver, à Sao Joao do Polêsine (au sud du Brésil), le squelette parfaitement conservé d'un dinosaure de la famille de carnivores bipèdes à longue queue.

2. VRAI.

3. FAUX. Une étude publiée par le musée d'Histoire naturelle et des sciences du Nouveau-Mexique a recensé 260 empreintes similaires au Brésil et au Cameroun. Il y a 120 millions d'années, les continents américain et africain étaient progressivement en train de se séparer, mais étaient encore reliés par une bande de terre empruntée par les dinosaures.

CARTOGRAPHIE É-MOUVANTE

a. ***Le Lion*** de Joseph Kessel (1958).

b. 2 : dernier signe de la formule chimique du dioxyde de carbone, CO_2.

c. Mer, homophone du mot « maire ».

La réponse est donc le lion de mer. Ce dernier a permis aux chercheurs d'en apprendre davantage sur cette espèce en voie de disparition, mais aussi sur des fonds difficiles d'accès qui n'avaient jamais été cartographiés.

ROBIN DES BOIS DES OCÉANS

Paul Watson a été arrêté dans le cadre d'une demande émise par le Japon auprès d'Interpol il y a plus de dix ans. Le Japon, qui réclame l'extradition de l'activiste, veut le juger pour des faits commis en 2010, lorsque son association avait commis des dommages à l'égard d'un baleinier japonais.

ON PEUT RESPIRER TRANQUILLEMENT

Ces chercheurs ont découvert de l'oxygène à plus de 4 000 mètres de profondeur. Produit par des galets contenant des métaux, cet oxygène résulterait d'un processus d'électrolyse de l'eau, à savoir la séparation des molécules d'oxygène et d'hydrogène provoquée par un courant électrique. Ce dernier naît du regroupement d'un certain nombre de nodules polymétalliques (des agrégats minéraux chargés en métaux).

ENNEMI PUBLIC N°1

Espèce exotique envahissante – le Tilapia noir – 500 œufs – 270 millions d'euros – finiront en engrais.

INNOMBRABLES INFOS

1-C ; 2-F ; 3-A ; 4-H ; 5-G ; 6-I ; 7-B ; 8-D ; 9-J ; 10-E